Hallo liebe Kinder,

mein Name ist Hu-Hugo. Ich bin ein Sperlingskauz und mein Zuhause ist der Schwarzwald. Ganz besonders gut gefällt mir in meiner Heimat der neue Nationalpark, in dem ich, meine Familie und ganz viele andere Tiere und Pflanzen in Ruhe leben können.
Aber was ist eigentlich ein Nationalpark? Und was ist das Besondere gerade am Nationalpark Schwarzwald? Damit das jeder weiß und versteht, möchte ich in diesem Buch einiges über meinen Lebensraum erzählen.

Bevor ich mit meiner Führung beginne, spreche ich aber zuerst mit Wolfgang Schlund, dem Leiter des Nationalparks, der einiges Interessante zu erzählen weiß und auch tolle Tipps hat:

»Hallo, Wolfgang! Wo ich lebe, sind ja die Tiere und Pflanzen besonders geschützt. Was müssen Kinder über den Nationalpark wissen, wenn sie ihn besuchen?«

»Das Wichtigste in einem Nationalpark sind die sogenannten Kernzonen. Dort kann sich die Natur ohne Einflüsse des Menschen ganz frei entwickeln. Tiere, Pilze und Pflanzen leben und wachsen, wie sie wollen und ohne dass sie von uns dabei gestört werden. Trotzdem dürfen wir aber alle den Nationalpark besuchen und beobachten, wie sich die Natur darin alleine entwickelt. Das finde ich wahnsinnig spannend!«

»Wie findest du meine die Idee, dass ich den Kindern in diesem Buch den Nationalpark erkläre?«

»Sehr gut! Denn auch Kindern soll ja der Nationalpark besonders viel Spaß machen, und das geht viel besser, wenn sie schon einiges über ihn wissen. Und wenn du ihnen dabei hilfst, den Nationalpark und seine Geheimnisse zu entdecken, dann finde ich das große Klasse.«

»Was ist für Kinder im Nationalpark Schwarzwald besonders spannend?«

»Der Nationalpark ist Heimat für viele Tiere und Pflanzen, die oft in anderen Wäldern selten geworden sind. Viele davon werden ja auf den nächsten Seiten von dir vorgestellt. Die alle und noch viel mehr kann man im Nationalpark entdecken. Am besten geht man dazu mit einem unserer Ranger auf Tour. Spannend sind natürlich auch Wanderungen über den Lotharpfad, den Wildnispfad, den Luchspfad oder ein Abstieg zum Wildsee.
Das ist Abenteuer pur!«

»Vielen Dank für die tollen Tipps, Wolfgang!«

Zuerst möchte ich euch beschreiben, wie es in meinem Nationalpark aussieht.

Ich fange mal bei den höchsten Bergen an. Die wären eigentlich alle ganz bedeckt mit Bäumen, besonders mit Fichten und Tannen. Obwohl sie ziemlich hoch sind, haben sie keine spitzen Gipfel, sondern sind oben flach. Vor langer Zeit haben dort die Bauern aus den Tälern die Bäume gefällt, um da oben ihre Schafe, Kühe und Ziegen zu weiden. So wurden aus diesen Gipfeln die sogenannten Grinden.

Heute sind aus den Wiesen Moore geworden, ein Lebensraum für sehr seltene Tiere und Pflanzen. In dieser nassen Landschaft wachsen bis heute nur wenig Bäume, deswegen hat man von dort oben an vielen Stellen einen tollen Ausblick über den Schwarzwald. Rund um die Grinden, bis tief hinunter in die Täler, breiten sich die dunklen, riesengroßen, immergrünen Nadelwälder aus, die dem Schwarzwald seinen Namen gegeben haben.

Wenn man aus einem der Täler durch den Wald bergauf wandert, dann kann es passieren, dass man dabei auf fast kreisrunde, stille Seen trifft. Diese Seen werden geheimnisvoll die »Augen des Schwarzwaldes« genannt. Eigentlich heißen sie Karseen. »Kar« ist ein sehr altes Wort, was Trog oder Krug bedeutet. Und weil sie so ähnlich aussehen, tragen auch die Gewässer diesen Namen.

Die Menschen glaubten früher, dass in den dunklen Seen Wassermänner wohnen. Bis heute werden darüber viele Sagen und Märchen erzählt. Besonders bekannt ist die Sage vom Wassermann, der mit seinem ganzen Volk auf dem Grund des Mummelsees lebt. Dort unten soll er auf grünen Seegraswiesen seine Kühe weiden.

Mit den Bergen, den Grinden, den Mooren, den Wäldern und den Seen ist die Landschaft des

Fichte

...wald

Nationalparks Schwarzwald, so wie die ganze Welt, ähnlich wie ein riesiges Puzzle zusammengesetzt. Und jedes dieser Puzzleteile besteht wieder aus vielen tausend kleineren Teilen, aus Tieren, Pflanzen und Pilzen, die alle irgendwie miteinander untrennbar verbunden sind.

So ist das auch mit meiner Familie, den Sperlingskäuzen, die kein Dach über dem Kopf hätte, wenn nicht die Spechte uns ihre alten Höhlen überlassen würden. Oder mit den Ameisen, die dem Häher mit ihrer Ameisensäure helfen, allerlei Plagegeister in seinen Federn zu verjagen. Diese werden dann wiederum auch vom Specht gefressen. Und in den Burgen der Ameisen, die den Veilchen helfen, sich im Wald zu verbreiten, haben Rosenkäfer und Bläulinge ihre Kinderstube. So ist es in der Natur, wenn die Menschen sich nicht einmischen. Das tun sie aber leider meistens, und das, obwohl die Menschen bis heute noch nicht so richtig verstanden haben, wie das in der Natur alles genau funktioniert.

Und was ist nun ein Nationalpark?

Ein Nationalpark ist ein großes Stück Natur, in dem die Natur sein darf, wie sie ist, ohne dass die Menschen sich einmischen. Die Menschen dürfen und müssen im Nationalpark trotzdem alles genau beobachten und erforschen können. So kann man viel Neues lernen, und gleichzeitig wird die Natur wieder etwas wilder.

Einen Besuch ist das immer wert!

Nationalpark-Plan

Auf dem Nationalpark-Plan kann man sehr gut sehen, dass der Nationalpark Schwarzwald bislang aus zwei Teilen besteht. Der größere heißt »Teilgebiet Süd« (auf dem Bild rechts) und ist genau 7615 Hektar groß. Das ist so groß wie etwa 16 000 Fußballplätze. In diesem Teil befindet sich auch das Nationalparkzentrum. Es liegt direkt an der Bundesstraße 500, auf dem Ruhestein.

Dort findet man auch den Lotharpfad. Dieser Naturlehrpfad ist nach dem Orkan »Lothar« benannt, der 1999 sehr viele Bäume entwurzelt hat. Auf diesem Pfad kann man sehr viel darüber lernen, wie sich die Natur nach so einem Ereignis wieder erholt.

Vom Nationalparkzentrum aus ist es nicht weit zum Bannwald »Wilder See«. Dieser Bannwald ist ein Waldstück, in dem seit über 100 Jahren kein Baum mehr gefällt und nichts mehr gemacht wurde. Heute ist das fast schon ein richtiger Urwald geworden. Mitten in diesem Bannwald liegt der Wilde See, ein Karsee, der in der letzten Eiszeit entstanden ist.

Das kleinere Gebiet (links im Bild) heißt »Teilgebiet Nord«. Dieser Teil grenzt an den Schwarzenbach-Stausee, ist 2447 Hektar groß und an seinem höchsten Punkt, dem Hohen Ochsenkopf, 1054 Meter hoch.

 = Nationalparkgrenze

 = Straße

 = Gewässer

 = Ortschaft

 = Berggipfel

Murg

Hundsbach

Schwarzenbach-Stausee

Herrenwies

Badener Höhe

Hoher Ochsenkopf

Bühlertal

Hundsrücken

Schwarzenberg

Baiersbronn

Hundsbach

Wilder
See

Leinkopf

Murg

Pfälzerkopf

Ruhestein

Schliffkopf

Grinden

Was Grinden sind und wie sie entstanden, habe ich ja schon kurz erwähnt. Es lohnt sich aber, sich mit dieser Besonderheit des Nationalparks Schwarzwald genauer zu beschäftigen.

Das Wort »Grinden« kommt natürlich aus dem Schwarzwald und bedeutet so viel wie »kahler Kopf«. Dieser Vergleich passt sehr gut zu den baumlosen Gipfeln, auf denen die Grinden liegen.
Entstanden sind diese Berg-Glatzen durch die Bauern, die vor vielen hundert Jahren in den Schwarzwald kamen und bald feststellen mussten, dass es in den steilen Tälern zu wenige Wiesen gibt, um ihre Tiere ausreichend zu füttern. Da begannen sie auf den ebenen Berggipfeln die Bäume zu fällen und große Weiden einzuzäunen, auf denen sie ihr Vieh den ganzen Sommer grasen lassen konnten. Wo die Tiere über Jahrhunderte weideten, da konnten natürlich keine Bäume mehr wachsen. Nach und nach entdeckten fremde Wildtiere und -pflanzen diese nun zunehmend feuchten, sonnigen, baumlosen Orte und ließen sich hier nieder. Darunter waren auch sehr seltene Arten, wie die Ringdrossel, der Baumpieper, der Wiesenpieper, das Wollgras, das Knabenkraut und der Sonnentau.

Mit der Zeit aber änderte sich die Lebensweise der Bauern. Sie hatten immer weniger Rinder und Schafe und die durften auch nicht mehr auf die Weide, sondern wurden das ganze Jahr über im Stall gehalten. Noch eine Zeit lang erntete man das Heu auf den Wiesen, aber irgendwann war auch das zu viel Arbeit und niemand kümmerte sich mehr um diese Landschaft. Nach und nach kam der Wald zurück. Dort, wo die Bäume dicht hochwuchsen, da verschwanden die neu angekommenen Tiere und Pflanzen wieder. Zum Glück hat man das gerade noch rechtzeitig bemerkt. Heute weiden wieder Rinder und Schafe auf den Grinden und sorgen dafür, dass für Wiesenpieper,

Rundblättriger Sonnentau

Das Merino-Landschaf ist eine alte Rasse mit spanischem Ursprung, die im Schwarzwald früher häufig gehalten wurde.

Fleischfliege

Gebirgsschrecke

Bergpieper, Sonnentau, Auerhahn und alles so bleibt, wie sie es zum Leben brauchen.

Bei einem Spaziergang über die Grinden kann man, je nach Jahreszeit, die Viehherden beim Weiden beobachten, die glänzend roten Preiselbeeren und die tiefblauen Heidelbeeren sehen, vielleicht auch eine sich sonnende Kreuzotter oder einen Gartenrotschwanz. Hoch in der Luft über den Grinden ist das Revier des Wanderfalken, der von dort zwischen den Gräsern und Legföhren nach Beute Ausschau hält.

Nun möchte ich euch zwei von den vielen seltenen und interessanten Pflanzen, die auf den Grinden wachsen, vorstellen. Eine davon ist das Schmalblättrige Wollgras. Ganz früher aßen die Menschen dieses Gras als Medizin gegen Durchfall. Die weißen, wolligen Büschel, die dem Gras seinen Namen geben, pflückte man, um Kerzendochte daraus zu drehen oder Kopfkissen damit auszustopfen.

Die andere Pflanze ist das Breitblättrige Knabenkraut. Wie bei allen einheimischen Orchideen gibt es beim Knabenkraut für Bienen und andere Insekten aus den Blüten keinen Nektar zu holen. Trotzdem bestäuben sie das Knabenkraut und erhalten als Belohnung dafür ein kleines Stück von der Blüte, in dem viel Zucker drin ist. Wenn die Samen der Orchidee ausfallen, dann können sie nicht einfach so wachsen. Dazu haben sie keine Nährstoffvorräte wie die Samen anderer Pflanzen. Nur wenn so ein Samen auf einen bestimmten Pilz, einen sogenannten Wurzelpilz, trifft, dann gibt dieser die nötige Nahrung zum Keimen und Wachsen ab.

So, jetzt habe ich euch einiges über die Grinden erzählt. Auf der nächsten Seite will ich euch in die Welt der geheimnisvollen Karseen entführen.

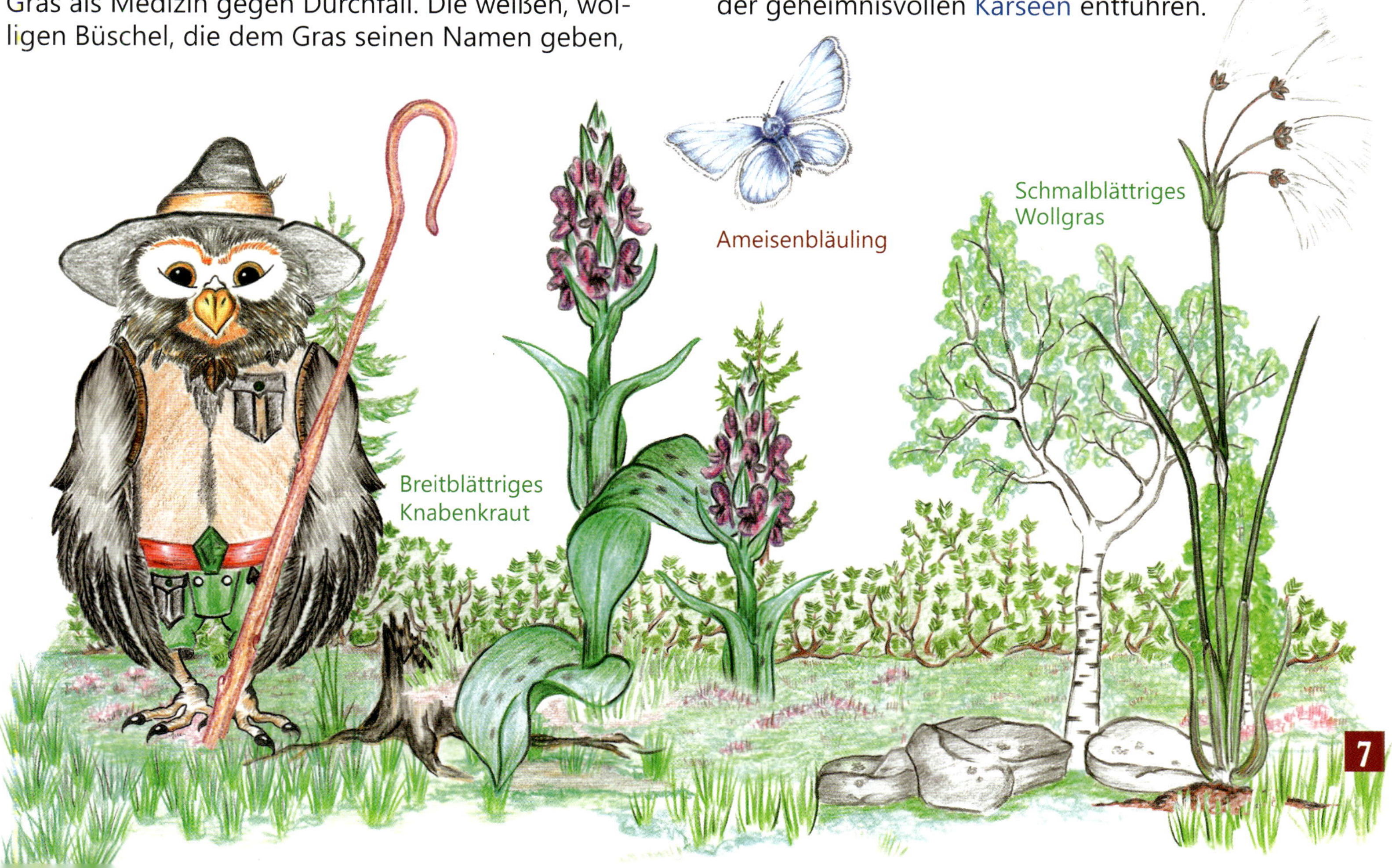

Ameisenbläuling

Schmalblättriges Wollgras

Breitblättriges Knabenkraut

Karseen

Auch von den Karseen muss ich euch unbedingt erzählen. Diese Seen sind etwas ganz Besonderes, wunderschön, und viele Geschichten werden über sie erzählt. Wenn man sie von oben betrachtet, dann sehen sie aus wie blaue Augen, die aus dem dunklen Grün der Bäume herausschauen. Steht man am Ufer vor so einem See, an der sogenannten Karschwelle, dann schaut man auf eine hohe Felswand, die sich auf der anderen Seeseite steil in die Höhe erhebt. Über diese Felswand rutschten bis vor etwa 10 000 Jahren die Eismassen eines Gletschers herab und schlugen Felstücke aus dem Hang. So wurde er zu einer steilen Wand mit einer Mulde am Grund.

Als die Gletscher ganz verschwunden waren, blieben die Karwand und die Mulde darunter übrig. Schmelzwasser, Regen und viele kleine Quellen füllten die Mulde und machten daraus den Karsee. Das ist ungewöhnlich, denn die meisten Seen bekommen ihr Wasser von einem Bach oder Fluss, der an der einen Seeseite hineinfließt und an der anderen wieder heraus.

Auch aus einem Karsee fließt Wasser heraus: An der flachen Seite läuft das Wasser über die Felsen der Karschwelle als Gebirgsbach ins Tal hinunter. Das Wasser des Sees, das aus der Ferne blau aussieht, hat aus der Nähe betrachtet eine klare bräunliche Farbe.

Das liegt am Nadelwaldboden und an den Mooren, die mit ihrer braunen Torferde (huminstoffhaltigen Erde) das Wasser braun färben. Das Karseewasser ist aber nicht nur bräunlich, sondern auch sauer, was die meisten Tiere und Pflanzen nicht mögen. Daher gibt es in den Karseen keine Fische und nur sehr wenige Wasserpflanzen.

Die Nixe vom Wilden See, die in vielen Sagen und Geschichten über die Karseen vorkommt, habe ich selbst einmal gesehen. Als ich an einem warmen Sommerabend in der Dämmerung über den See geflogen bin, habe ich plötzlich jemanden die schönsten Lieder singen hören. Der Gesang kam von einer wunderbaren, klaren Frauenstimme. Da sich um diese Zeit eigentlich niemand mehr im Wald aufhält, habe ich über dem See eine Runde gedreht und nach der Sängerin Ausschau gehalten. Mit meinem scharfen Blick erspähte ich ein schönes junges Mädchen, das mitten im See auf einem Baumstamm saß, sich die langen, wallenden Haare kämmte und dabei seine Lieder sang. Ich wunderte mich noch, wie das Mädchen da mitten auf den See gekommen war, da entdeckte es mich und sprang schnell ins Wasser. Kurz bevor das Mädchen im See untertauchte, sah ich einen großen Fischschwanz aus dem Wasser ragen. Da war mir klar, dass das Mädchen eine der geheimnisvollen Wassernixen aus den Karseen sein musste ...

Den Libellen, Molchen, Kröten und Fröschen ist das nicht unrecht, denn ihnen macht das saure Wasser nichts aus, und für ihre Nachkommen gibt es keine Gefahr von Fischen gefressen zu werden.

So ähnlich wie auf der Zeichnung haben die Gletscher der Eiszeit mit Wasser, Felsen, Eis und ganz viel Zeit die Karseen geformt.

Von den blauen Augen des Schwarzwaldes, den Karseen, gibt es im Nordschwarzwald noch acht und im Südschwarzwald noch zwei. Es gab einmal rund 60 Stück, aber bis auf die letzten zehn sind alle im Laufe der Jahrhunderte ausgetrocknet und verschwunden.

Neben den Karseen und den Grinden sind der Schwarzwald und der Nationalpark besonders für ihre Nadelbäume – Fichten und vor allem Tannen – bekannt. Wie wichtig diese Bäume für die verschiedenen Lebewesen im Nationalpark sind, zeige ich euch auf der nächsten Seite.

In manchen Karseen findet man die Teichrose. Früher hat man »Mummel« zu dieser Pflanze gesagt und von ihr hat ein sehr bekannter Karsee im Schwarzwald, der Mummelsee, auch seinen Namen.

Fichte und Tanne

Jetzt komme ich zum Wald und seinen Bäumen, besonders den Tannen und den Fichten.

Die beiden sind für viele Tiere und Pflanzen lebenswichtig. Zum Beispiel für die Ameisen, die ihre Nadeln zum Nestbau brauchen, und für die Eichhörnchen, die von den Baumsamen leben. Und für viele andere Tiere, Pflanzen und Pilze, wie den Auerhahn, den Fichtenkreuzschnabel, die Tannenmeise, den Fichtensteinpilz, den Lachsreizker, den Dompfaff, die Bartflechte und den Fichtenspargel, eine Blume die überhaupt kein Blattgrün hat.

Ohne die alten Tannen und Fichten im Nationalpark können diese Tiere, Pilze und Pflanzen nicht überleben, denn vor allem alte Bäume sind ihr Lebensraum.

Ganz früher gab es viel weniger Fichten und noch viel mehr Tannen und Buchen im Schwarzwald. Dass es heute so viele Fichten gibt, liegt daran, dass diese Baumart sehr schnell wächst und deswegen gern angepflanzt wird. So kann man aus den Bäumen schon nach wenigen Jahrzehnten Balken und Bretter machen und muss nicht wie bei anderen Bäumen hundert Jahre oder länger warten. Das ist zwar gut für uns Menschen, aber nicht für die Natur, denn dadurch gibt es nicht viele verschiedene und nur wenige alte Bäume.

An Fichten und Tannen leben auch Blattläuse. Die saugen mit ihrem kleinen Stechrüssel den süßen Saft aus den Nadeln. Wenn sie satt sind, dann scheiden sie kleine Tropfen davon wieder aus. Diese Tropfen werden von den Honigbienen gesammelt und die machen leckeren Tannenhonig daraus.

Ein ganz bekannter Waldbewohner ist der Borkenkäfer, der unter der Rinde von Nadelbäumen Nester baut. Wenn er dazu seine Gänge ins Holz knabbert, dann zerstört er dabei die Saftbahnen des Baumes, die dieser zum Leben braucht. Der Baum stirbt vor allem dann daran, wenn er schon alt und krank ist. Die Käfer zerstören aber nicht nur Bäume, sie sind auch Nahrung für viele Vögel. Und wenn der alte Baum stirbt, schafft er Platz für neue Wiesen und junge Bäume.

In einem Wald mit vielen verschiedenen Bäumen können nur wenige Borkenkäfer leben. Steht aber Fichte neben Fichte, dann kann viel Käfernachwuchs auch viele Bäume zerstören, weil die jungen Käfer nur ein paar wenige Meter zum nächsten Baum hinüberfliegen müssen.

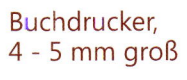

Buchdrucker,
4 - 5 mm groß

Kupferstecher,
2 - 3 mm groß

Die Zapfen der Fichte hängen von den Zweigen herunter. Wenn der Wind sie vom Baum herunterschüttelt, dann fallen sie als Ganzes zu Boden. Viele Tiere leben von den Samen der Fichte, die unter den Schuppen stecken, zum Beispiel die Tannenmeise, der Fichtenkreuzschnabel und das Eichhörnchen.

Die Zapfen der Weißtanne stehen aufrecht auf den Zweigen. Wenn sie reif sind, dann fallen sie nicht wie die Fichtenzapfen als Ganzes auf die Erde, sondern nur die einzelnen Schuppen von der Zapfenspindel, und dabei geben sie die Samen frei. Dann ragt nur noch die Spindel des Zapfens in die Höhe, wie ein kleines Stöckchen.

„Vor vielen Jahren, als ich noch ein ganz kleiner Kauz war, hatte ich mal eine schreckliche Erkältung. Mir lief der Schnabel und ständig musste ich husten. Meine alte Großmutter wusste natürlich, was da zu tun ist. Sie flog los und pflückte einen ganzen Korb voller junger Fichtenspitzen. Aus diesen kochte sie, zusammen mit Honig, einen wunderbaren Erkältungssaft, dann badete sie mich noch in einer Wanne voll warmem Wasser mit Fichtenspitzen. Dann mußte ich schnell ins warme Nest. Am nächsten Morgen ging es mir schon viel besser und nur wenig später war ich wieder ganz gesund."

Der Fichtenkreuzschnabel

Fichtenkreuzschnabel

Wie sein Name schon sagt, hat er wirklich einen Schnabel, der sich an der Spitze überkreuzt. Damit kann er die Samen, die er so gerne frisst, aus den Fichtenzapfen holen. Sogar seine Küken füttert er damit. Dafür zerkaut er sie aber zuerst zu einem Brei.

Da die meisten Fichtenzapfen im Winter zu finden sind, legen die Kreuzschnäbel in dieser Zeit oft auch ihre Eier und beginnen im Winter, wenn es kalt ist und überall Schnee liegt, zu brüten.

Als ich das das erste Mal gesehen habe, war ich sehr verwundert, denn eigentlich gibt es im Winter gar keine jungen Vögel.

Ein erstaunlicher Verwandter von mir, der wie die Borkenkäfer in den Fichten lebt, ist der Fichtenkreuzschnabel.

Er ist nicht viel größer als ein Sperling und sehr bunt. Das Männchen ist fast ganz rot gefärbt, und die Weibchen tragen ein gelb-grünes Federkleid.

Dass ein Kreuzschnabel die Samen aus diesem Zapfen gepickt hat, erkennt man sehr gut an den Schlitzen in den Zapfenschuppen.

Fichtensamen mit Hautflügeln

Im fast ganz zugeschneiten, aus Flechten gebauten Nest der Familie Fichtenkreuzschnabel saßen vergnügt drei winzige, nackte, frisch geschlüpfte Vögelchen, und das bei eisiger Kälte.

Aber es schien ihnen nichts auszumachen. Immer, wenn ihnen von den Eltern die fetten, nahrhaften, vorverdauten Fichtensamen gebracht wurden, dann sperrten sie sofort ihre Schnäbel auf und fiepten eifrig, um ja genug von dem Futterbrei zu bekommen.

Außer dem Fichtenkreuzschnabel gibt es im Norden Europas noch einen anderen Kreuzschnabel. Dieser Vogel heißt Kiefernkreuzschnabel. Wie sein Name schon verrät, frisst dieser Kreuzschnabel gerne die Samen aus den Kieferzapfen. Da diese Zapfen etwas anders aussehen als die Fichtenzapfen, hat der Kiefernkreuzschnabel auch einen anders gekreuzten Schnabel.

Fichtenkreuzschnabelnest mit Küken im Schnee. Die Kälte scheint sie nicht zu stören, Hauptsache, es gibt genug Futter.

Kennt ihr die Sage vom Kreuzschnabel?
Vor ungefähr zweitausend Jahren wurde Jesus in Jerusalem ans Kreuz geschlagen. Zwei Kreuzschnäbel, die zufällig dort waren, sahen das. Sie hatten schon viel Gutes von Jesus gehört. Und deshalb tat es ihnen sehr leid, dass er so elend sterben sollte. Sie beschlossen, ihm zu helfen. Also setzten sie sich auf das Kreuz, an das er mit Nägeln angeschlagen war. Mit ihren Schnäbeln versuchten sie vergeblich die Nägel herauszuziehen und dabei haben sie sich ihre Schnäbel ganz verbogen. Als Erinnerung daran tragen diese Vögel bis heute die Schnabelspitzen gekreuzt.

13

Heide und Beeren

Auf dem Moorboden der Grinden, die wir ja schon besucht haben, wachsen Heidekraut, Preiselbeere und Heidelbeere. Dicht an dicht stehen die Pflanzen, und wenn das Heidekraut blüht, dann leuchtet alles rosa-rot.

Heidelbeere, Preiselbeere und Heidekraut sind aber nicht nur schön und lecker. Die Heide, auf der sie wachsen, ist auch die Heimat für viele Tiere. In ihrem dichten Gestrüpp leben unheimlich viele Insekten und Spinnen. Dort finden sie Futter und sind vor Tieren, die sie gerne fressen, einigermaßen sicher.

Aber auch größere Waldbewohner, ganz gleich ob Säugetiere oder Vögel, besuchen die Heide gern, um zu fressen. Auerhahn, Fuchs, Marder und viele Vögel kommen besonders gern, wenn die Heidelbeeren reif sind, und holen sich ihren Anteil daran. Erstaunlich finde ich, dass diese kleine, blaue Beere, die Prei-selbeere sowie das Heidekraut meterlange Wurzeln haben, die tief aus dem Boden Wasser und Nahrung herausholen. (Das ist vermutlich so, weil der Boden, auf dem sie wachsen, nicht viele Nährstoffe hat.)

Weidenglucke,
auch Blaubeerglucke genannt.

Auf der feuchten Erde unter dem Heidekraut, den Preisel- und Heidelbeeren wachsen viele Moose und, wo es nicht zu nass ist, auch Flechten. Dort sind sie vor der Sonne geschützt, die sie leicht austrocknen kann, bekommen trotzdem genug Licht und finden so viel Wasser, wie sie brauchen.

Heidelbeeren und Preiselbeeren werden auch als Medizin benutzt und sind Futter für seltene Schmetterlingsraupen.

Das Heidekraut ist auch eine von den Pflanzen, die nicht nur einen Namen haben, sondern mehrere. Manche nennen es »Besenheide«, und bei Wissenschaftlern heißt es »calluna«. »Calluna« kommt aus der alten griechischen Sprache und bedeutet »fegen«. Passt also ganz gut zu dem Namen Besenheide.

Übrigens wurden früher aus Heidekraut wirklich Kehrbesen hergestellt.

Gerne fressen das junge, noch nicht harte, verholzte Heidekraut Schafe, besonders die Heidschnucken. Bienen sammeln den Nektar aus den Blüten, wir pflücken sie als Blumensträuße und schauen sie gerne an, wenn sie blühen.

Kreuzspinne

Besenheide

Preiselbeere

Heidel-
beere

Alle drei Sträucher sind auch selbst Futter, zum Beispiel für Schmetterlingsraupen von ganz seltenen Faltern wie der Weidenglucke oder dem grünen Moorheidenspanner.

Das Auerhuhn

Ein Auerhahn, der um ein Weibchen balzt.

In meiner Nachbarschaft wohnt auch das Auerhuhn, ein großer Hühnervogel, der das Wappentier des Schwarzwaldes ist.

Leider gibt es nicht mehr viele von ihnen. Sehen kann man ihn nur mit viel Glück, denn er ist immer auf der Hut und versteckt sich sofort, wenn er sich entdeckt fühlt.

Man kann den Hahn von März bis Juni, wenn Balzzeit ist und er sich eine Frau sucht, manchmal hören. Früh am Morgen gluckst und kollert er. Mit diesen komischen Geräuschen lockt er die Auerhennen an.

Die Lieblingsplätze der Vögel sind die Waldränder. Das sind die Plätze, an denen er seine Nahrung findet, die aus Blättern, Sprossen und vor allem aus den Beeren der Heidelbeere besteht. Im Winter fressen die Auerhühner die Nadeln von Kiefern, Tannen und Fichten, da es keine Beeren gibt.

Wenn der Schnee im Wald ein bisschen nass ist, dann ist auch ein guter Zeitpunkt, sich auf die Suche nach Auerhuhnspuren zu machen. Wer an den richtigen Stellen sucht, der kann seine Fährten finden, die so ähnlich aussehen wie die Fußspuren von einem sehr großen Huhn.

Die großen Vögel sind natürlich auch ein kleiner Teil im großen Puzzle der Natur. Sie fangen zum Beispiel mit ihren Küken viele Insekten.

Das Auerhuhn ist froh, wenn in seiner Nähe die Könige des Waldes, die Rothirsche leben. Die knabbern auch gerne an den Heidelbeeren herum. Dadurch werden die Büsche nicht so hoch, und die kleinen Küken des Auerhuhns verfangen sich nicht so leicht in dem Gestrüpp und kommen leichter an die leckeren Beeren heran. Die fressen sie unheimlich gerne, genau wie ihre Eltern.

Die kleinen Auerhühner haben es auch sonst nicht leicht, denn Füchse und Marder stellen ihnen gerne nach. Wenn es dann noch kalt ist und es viel regnet, dann ist das ein schlechtes Auerhuhnjahr, in dem es manchmal gar keinen Nachwuchs gibt, da die Küken bei so einem Wetter leicht erfrieren und verhungern können. Das finde ich dann sehr schade, da diese tollen Rauhfußhühner ja sehr selten sind!

Walderdbeere

Die Nahrung des Auerhuhns besteht überwiegend aus Pflanzen wie Kiefernnadeln und Heidelbeeren, aber auch aus Insekten und Knospen.

Auerhenne

17

Der Sperlingskauz

Sperlingskauz

Wenn eine »normale« Eule Hunger hat, wartet sie, bis es dunkel wird, und geht dann auf die Jagd, um sich ein paar Mäuse zu fangen. Wir Sperlingskäuze dagegen suchen meist nach Eidechsen, Vögeln und Mäusen, wenn es noch hell ist. Deswegen kann man uns gegen Abend oft begegnen. Dabei muss man genau hinsehen, denn selbst die Größten unter uns sind nicht größer als eine Amsel, also nur etwa 17 Zentimeter. Wer uns aber tatsächlich entdeckt hat, der kann uns sehr leicht erkennen. Nicht nur, weil wir so klein sind, sondern auch, weil wir sehr oft mit unseren Schwanzfedern wippen wie die kleinen Zaunkönige. Unsere Jungen werden von uns in verlassenen Spechthöhlen großgezogen.

Da der Winter in unserer Heimat sehr streng sein kann, legen wir für diese Jahreszeit vorsorglich Vorräte an. Als Lager benutzen wir ebenfalls leere Spechthöhlen.
Die Vorräte aus toten Eidechsen, Vögeln und Mäusen, bei denen wir manchmal die Köpfe abtrennen, sind lange haltbar, da sie bei Frost gefrieren. Warum wir das mit den Köpfen machen, weiß ich aber gar nicht so genau. Wenn das Vorratsfutter hart gefroren ist, kann man es leider nicht gut fressen. Aber Eulen sind

Dass ich ein Sperlingskauz bin, das hab ich ja schon erzählt. Sicher denkt ihr jetzt: Ein Kauz ist doch eine Eule – kenne ich! Es gibt aber einige Dinge, die bei Eulen und Sperlingskäuzen ganz unterschiedlich sind!

Löwenzahnblüten-Gelee

Suche einen kleinen Eimer voll mit frischen Löwenzahnblüten. Dann zupfe die gelben Blütenblätter ab und brühe sie in siedendem Wasser auf. Nimm aber nur so viel Wasser, dass die Blüten knapp damit bedeckt sind.

Das Brühwasser musst du dann nur noch nach dem Abseihen der Blätter mit Gelierzucker einkochen.

Bergeidechse

maßen ziemlich schlau, also stopfen auch wir uns das Frostfutter einfach unter unsere Brust- und Bauchfedern. Dort taut es schnell auf, und schon ist unsere Mahlzeit fertig. Meistens kommen wir so gut über den Winter.

Wir ihr seht, sind das schon einige Sachen, die nicht alle Eulen machen.

Knochen und Fellreste, die nicht verdaut werden können, werden als Knäuel ausgewürgt. Diese Knäuel nennt man Gewölle.

Eulen können ganz leise fliegen, da ihre Schwungfedern am Rand ganz viele Fransen haben. Diese Fransen machen die Windgeräusche viel leiser. Greifvogelfedern (rechts) haben keine solchen Fransen.

In schlechten Mäusejahren, also wenn es wenig Mäuse gibt, dann legen wir Eulen wenige Eier.
Gibt es aber viele Mäuse, dann legen auch wir viele Eier, denn dann gibt es genug Beute, um alle Jungvögel satt zu kriegen.

Die Spechte

Wie ich euch schon erzählt habe, ziehen wir Sperlingskäuze unsere Jungen, unsere Brut, in verlassenen Spechthöhlen groß. Da wir also selbst keine Bruthöhlen bauen, wüssten wir ohne die Spechte nicht, wo wir unsere Eier legen sollten.

Auch viele andere Tiere, wie Tauben und Siebenschläfer, brauchen für ihre Brutaufzucht Spechthöhlen.

Es gibt übrigens viele verschiedene Spechtarten. Einige fressen nur Ameisen, wie der Grünspecht, der auf Wiesen und in Obstgärten lebt. Andere wohnen in Wäldern und sammeln Insekten von der Rinde der Bäume, wie der Buntspecht.

Ein besonders seltener Specht ist hier bei mir im Schwarzwald zu Hause. Er wird Dreizehenspecht genannt. Dreizehenspechte lieben die Nadelwälder der Berge. Er hat, wie sein Name schon sagt, wirklich nur drei Zehen. Das ist einer weniger als bei den anderen »Zimmerleuten des Waldes«, wie man Spechte auch nennt. Als Nahrung sammelt er alles, was ihm zwischen und unter der Baumrinde vor den Schnabel kommt: vor allem Spinnen, Raupen und Käfer. Was ihm aber ganz besonders gut schmeckt, ist der Saft von Bäumen.

Ich als Kauz mag den Saft zwar nicht, ich weiß aber, dass es schwierig ist, an ihn heranzukommen. Weil er tief unter der Rinde des Baumes fließt, muss der kleine Dreizehenspecht mit seinem starken, spitzen Schnabel die Rinde zuerst bis zu den Saftröhren weghacken. Dann kann er ihn mit seiner langen spitzen Zunge ganz einfach auflecken wie mit einem Strohhalm.

Der größte Specht in unserem Wald ist der Schwarzspecht. Er wird fast 50 Zentimeter groß, ist sehr schlau, und baut für uns Käuze die schönsten Höhlen. Dafür braucht der Schwarzspecht natürlich auch die richtigen Bäume. Die müssen mindestens einen halben

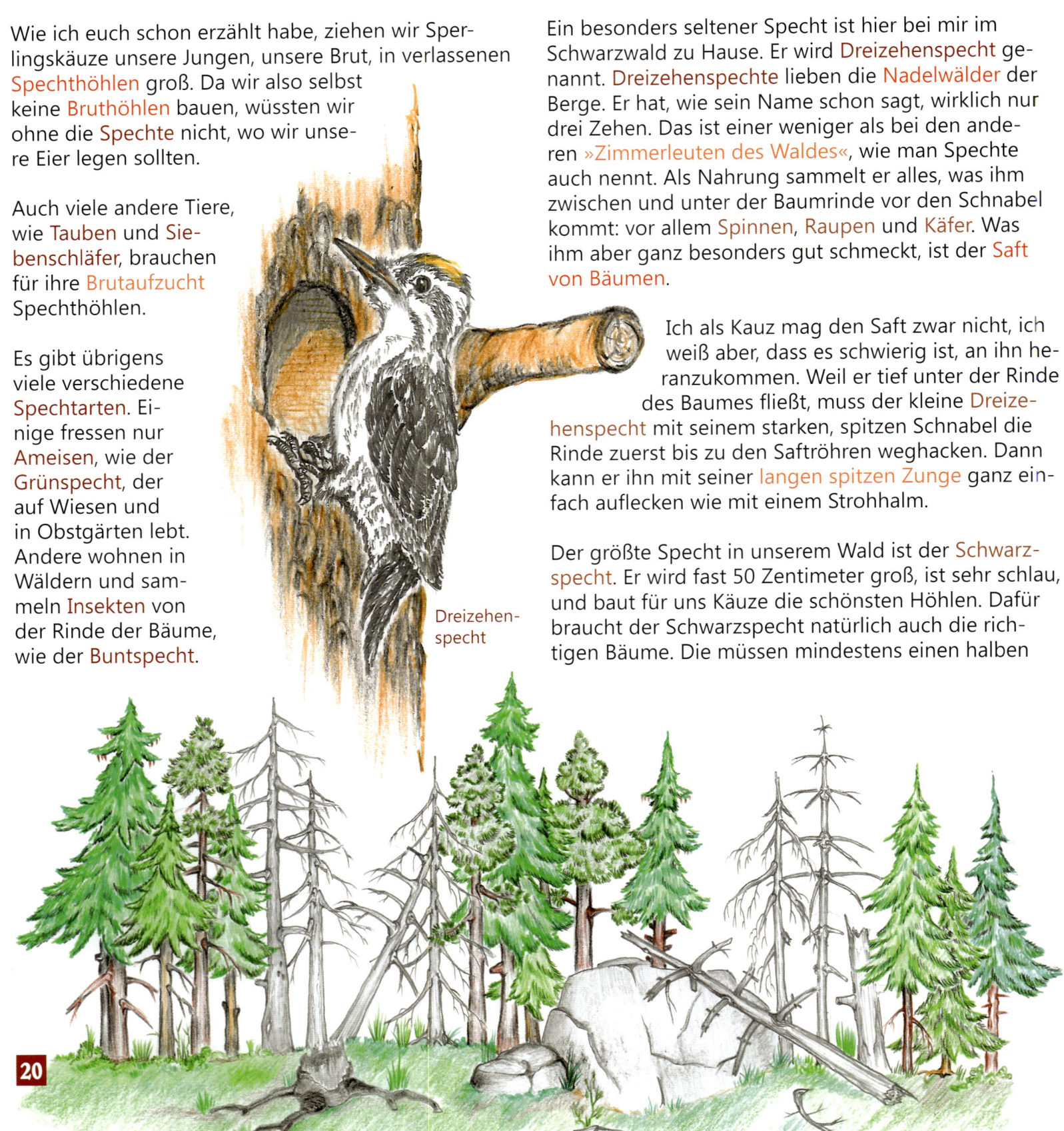

Dreizehenspecht

Meter dick sein. Solche Bäume sind in den meisten Wäldern ziemlich selten, aber im Nationalpark gibt es einige, und es werden immer mehr.

Je mehr es solche alten Bäume im Wald gibt, umso mehr Spechte können darin leben, da dann alle einen für ihre Bruthöhle geeigneten Baum finden. Und wenn es mehr Specht-Bruthöhlen gibt, dann können auch wir Käuze, die Tauben und die Siebenschläfer leichter eine verlassene finden und dort einziehen.

Schwarzspechte fressen auch sehr gerne Ameisen, Ameiseneier und die Ameisenlarven. Wenn ihr im Wald einen Ameisenhügel voll großer Löcher seht, dann war da sicher ein Schwarzspecht am Werk.

Rote Waldameise

Eine Weidenflöte,

man kann auch Weidenpfeifchen sagen, ist ein tolles Musikinstrument, das jeder, wenn er genug Geduld hat, selbst bauen kann. Die beste Zeit dafür ist das Frühjahr, denn da sind die Weiden am saftigsten.

Erst schneiden wir ein fingerdickes, etwa 20 cm langes Stöckchen aus einer Weidenrute. Ein Ende davon schneiden wir schräg ab und schnitzen 2 cm darunter eine Kerbe für das Mundstück.

In der Mitte des Stöckchens entfernen wir die Rinde 2 mm breit ringsum. Das kurze Stück oberhalb des Ringes wird das Mundstück. Dazu nehmen wir den Stock fest in die linke Hand und versuchen, mit der rechten die Rinde vorsichtig zu drehen. Wenn das nicht klappt, probieren wir einen Trick: Mit dem Messergriff klopfen wir von allen Seiten auf die Rinde, bis sie sich vorsichtig abziehen lässt.

Dort, wo wir schon die Kerbe eingeschnitten hatten, schneiden wir von dem freigelegten Kernholz das Mundstück ab und schnitzen oben einen einige Millimeter breiten Span weg. Dort kann später die Luft durch. Jetzt schieben wir das Mundstück mit der flachen Stelle zur Kerbe wieder in die Rindenhülse.

Jetzt können wir jetzt in das Mundstück blasen und dabei noch das Holzstück in der Rindenhülse raus- und reinschieben, was lustige Töne macht.

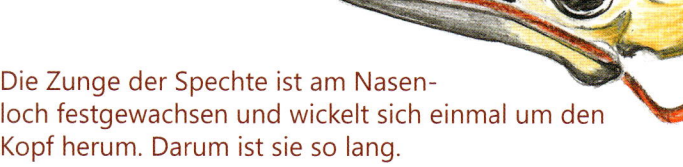

Die Zunge der Spechte ist am Nasenloch festgewachsen und wickelt sich einmal um den Kopf herum. Darum ist sie so lang.

Schwarzspecht

Die Waldameise

Den Ameisen gefällt es natürlich gar nicht, dass die Spechte sie zum Fressen gern haben. Aber auch die Ameisen selbst sind ständig auf der Jagd nach Raupen und anderen Insekten. Die schleppen sie in die unterirdischen Vorratskammern ihrer großen Ameisenburgen, die aus Tausenden und Abertausenden von Tannen- und Fichtennadeln zusammengetragen sind. Diese Burgen, wie man die Hügel auch nennt, sind etwa 1 Meter hoch und reichen sie bis zu 2 Meter tief in die Erde hinein. Oft sind sie über einem alten Baumstumpf errichtet worden. Die Erbauer sind die Roten Waldameisen.

Wenn man sich vor so einem Ameisenhaufen hinstellt, dann kann man eine Unmenge von Tieren kreuz und quer herumlaufen sehen.

Ich habe mir mal die Mühe gemacht, alle Ameisen in so einem Hügel zu zählen. Zusammen mit der Königin, den Drohnen, also den Männchen, und allen Arbeiterinnen waren das 489 251 Stück. Ja, es waren wirklich so viele.

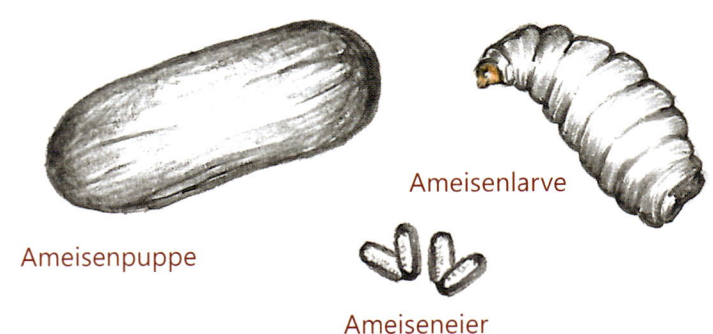

Ameisenpuppe

Ameisenlarve

Ameiseneier

Vor Jahren kannte ich mal eine Ameise persönlich, die hat mir erzählt, dass manche Burg, in der es auch Brutkammern für den Nachwuchs gibt, bis zu 25 Jahre alt ist.

Natürlich haben so viele Tiere auch einen Riesenappetit. In einem Jahr frisst ein Volk, das etwa so groß ist wie das von mir gezählte, rund 14 Kilogramm Insekten. Viele davon sind sogenannte Schädlinge. Ich kann euch sagen, wo Ameisen leben, da gibt es viel weniger schädliche Insekten und viel mehr andere Tiere und Pflanzen.

Ameisen sammeln in einem Jahr auch etwa 100 Liter Honigtau. Honigtau ist ein Zuckersaft, den Blattläuse, die an Nadelbäumen leben, ausscheiden.

Jetzt schauen wir mal beim Eichelhäher und dem Tannenhäher vorbei, den Waldpolizisten. Genannt werden sie so, weil sie bei drohender Gefahr alle Tiere im Wald mit ihrem lauten Gezeter warnen. Man sagt auch »Gärtner des Waldes« zu ihnen.

Warum das so ist und was die Häher mit den Ameisen zu tun haben, das erfahrt ihr gleich.

Rote Waldameise

Waldveilchen.
Die Fähnchen an den Veilchensamen sind die Anhängsel, die Ameisen gerne fressen.

Ameisen helfen vielen Pflanzen sich zu vermehren. Die Taubnessel, das Veilchen, das Buschwindröschen, der Lerchensporn und viele andere Pflanzen haben an ihren Samen zu diesem Zweck kleine Anhängsel, die den Ameisen gut schmecken.
Die Ameisen sammeln also die Samen, um die Anhängsel zu fressen, und tragen sie dabei überall hin. So können die Pflanzen sich verbreiten.

Ameisenbläuling

Rosenkäfer

23

Die Häher

Eichelhäher

Eichelhäher mögen Ameisenburgen und ihre Bewohner sehr, denn wie alle Vögel werden auch sie manchmal von kleinen Plagegeistern, Insekten und Zecken geärgert, die sich in ihren Federn verstecken und dort fürchterlich jucken.

Ich habe einmal einen Häher getroffen, den es auch überall juckte und zwickte. Er tat mir so leid, dass ich ihn fragte, ob ich ihm denn nicht helfen kann. Er dankte mir und sagte, dass das nicht nötig sei, denn er sei gerade auf dem Weg zu einem Ameisenhaufen. Ich schaute ihn fragend an. Daraufhin verriet er mir:
»Wenn ich bei den Ameisen angekommen bin, dann lande ich auf dem Hügel und kratze ein wenig darin herum. Den Ameisen gefällt das gar nicht. Sie denken, ich möchte ihren Bau zerstören. Sofort kommen sie aus allen Ecken und Winkeln hervor und bespritzen mich mit ihrer Ameisensäure, um mich zu vertreiben. Dann breite ich schnell meine Flügel aus und spreize meine Federn ab, damit ich überall getroffen werde. Da die Ameisensäure sehr scharf ist und furchtbar brennt, machen sich die ganzen Plagegeister ganz schnell aus dem Staub, und ich habe wieder meine Ruhe!«
Praktisch, nicht wahr?

Im Sommer leben die Häher von Insekten, Eiern, Schnecken und Mäusen. Im Herbst, wenn der Winter vor der Tür steht und das Futter knapp wird, dann beginnen die Häher Eicheln, Haselnüsse und Bucheckern zu sammeln. Die verstecken sie im Boden als Futtervorrat für den langen Winter.

Natürlich finden sie nicht alle ihre Verstecke wieder. Aus den nicht wiedergefundenen Verstecken sprießen im Frühjahr junge Eichen, Hasel und Buchen. Ohne es zu wissen, wird der Häher so unfreiwillig zum Gärtner des Waldes.

Bei uns im Nationalpark gibt es noch einen anderen seltenen Häher, den Tannenhäher. Dieser ziemlich große braune Vogel mit den weißen Flecken lebt eigentlich nur ganz hoch oben im Gebirge.

Es scheint ihm aber auch hier gut zu gefallen, vielleicht weil es sein Lieblingsfutter, nämlich die Samen aus den Bergkieferzapfen, gibt. Natürlich legt sich auch der Tannenhäher, genau wie sein Verwandter, der Eichelhäher, einen Samenvorrat für den Winter an.

Stieleiche

Tannenhäher

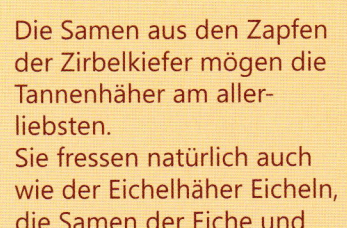

Die Samen aus den Zapfen der Zirbelkiefer mögen die Tannenhäher am allerliebsten.
Sie fressen natürlich auch wie der Eichelhäher Eicheln, die Samen der Eiche und Vogeleier.

Das Eichhörnchen

So ziemlich jeder hat schon mal ein Eichhörnchen gesehen und seinen Spaß daran gehabt, wie es wie verrückt an einem Baumstamm rauf- und runterhuscht.

Oft sind es mehrere, die sich gegenseitig jagen, und natürlich weiß ich, dass sie dann nicht spielen, sondern sich richtig streiten. Das ist bei den Eichhörnchen so üblich und es scheint ihnen zu gefallen.

Streiten sie mal nicht, dann suchen sie nach Nahrung. Sie knabbern Zapfen an, zernagen Früchte und stehlen den Vögeln die Eier aus den Nestern.

Wer die Hörnchen genau beobachtet, der kann manchmal ganz oben in einem Baum ein dickes Bündel von Zweigen entdecken. Wahrscheinlich ist das dann ein Kobel. So nennt man das Nest der Eichhörnchen. Diesen Kobel bauen sie sich aus allerlei Zweigen, Ästen und Gräsern, die sie zu einer Kugel zusammenstecken. Während die Eichhörnchen die Kugel bauen, lassen sie immer mindestens einen Eingang und einen Notausgang frei. Wenn Gefahr droht, gibt es dann mindestens zwei Fluchtmöglichkeiten. Im weich gepolsterten Inneren des Kobels bringen die Hörnchenmütter ihre nackten, tauben und blinden Jungen zur Welt.

Oben in den Bäumen springen sie flink und geschickt von Ast zu Ast und von Baum zu Baum. Oft sogar mit dem Kopf nach unten. Damit sie dabei das Gleichgewicht nicht verlieren, benutzen sie ihren buschigen Schwanz als Steuerruder. Wenn sie über den Waldboden huschen, dann hüpfen sie fast wie ein Frosch.

Eichhörnchen

Haselnuss

Im Sommer rasen sie durch den Wald und suchen nach allem, was fressbar ist. Wenn es Herbst wird, sammeln die Hörnchen außerdem Nüsse und Eicheln und vergraben sie im Waldboden als Futter für den Winter. Wenn dann alles mit Schnee bedeckt ist, finden die Eichhörnchen neben dem, was sie zuvor gesammelt haben, nur wenig Nahrung. Dann schlafen sie viel.

Leider haben Eichhörnchen kein sehr gutes Gedächtnis und vergessen oft, wo sie einen Vorrat vergraben haben. Das ist nicht schlimm, denn sie legen immer sehr viele Vorratskammern an.

Die vergessenen Eicheln und Nüsse sind aber nicht verloren. Wie bei den Hähern keimen sie und werden zu Bäumen oder Büschen. Aber die Eichhörnchen sind nicht nur Waldgärtner, sie sind auch Beute für Raubtiere wie den Marder. Ohne die Hörnchen gäbe es vermutlich keine Marder.

Jetzt schauen wir einmal nach diesen Mardern ...

Eichhörnchen-Hüpfspuren

> Diese Zapfen hat ein Eichhörnchen benagt, um an die nahrhaften Samen heranzukommen.
> Eichhörnchen sind da sehr gründlich, es bleibt nicht viel vom Zapfen übrig. Der große Zapfen ist von einer Fichte und der kleine von einer Kiefer.

Die Marder

Versteckt in Höhlen, im Gebüsch und auf Bäumen hält der Baummarder nach Beute Ausschau. Er ist, das muss ich schon zugeben, ein hübsches Tier. Vor allem gefällt mir sein dunkelbraunes Fell mit der goldgelben Brust. Ich möchte ihm trotzdem nicht zu nahe kommen, denn auf seinem Futterplan stehen auch Sperlingskäuze. Als echtes Raubtier verschlingt er alles, was er erwischen kann, wie Vögel, Mäuse, Eichhörnchen und natürlich Käuze.

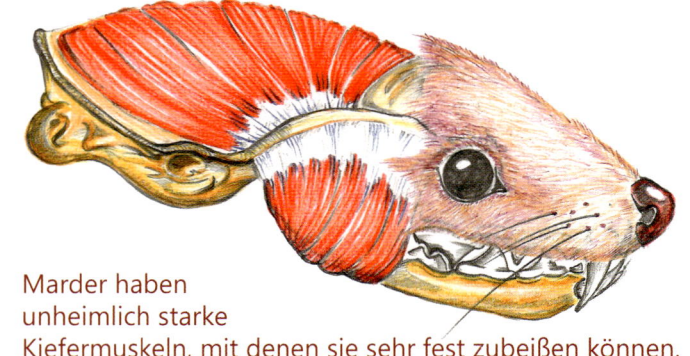

Marder haben unheimlich starke Kiefermuskeln, mit denen sie sehr fest zubeißen können.

Der Baummarder fühlt sich nur in großen, einsamen Wäldern wohl. Wo Menschen leben, hält er sich nicht gerne auf. Ein Nationalpark mit viel Wald ist deswegen ein echtes Baummarder-Paradies. Besonders gut für ihn sind dort die vielen alten, dicken Bäume, die innen hohl sind. Wenn er den Baum mit der richtigen Höhle gefunden hat, kann er darin in Ruhe den Tag verschlafen und seine Welpen großziehen.

Marder sind zwar nicht besonders groß, sie haben aber ungeheuer große, starke Muskeln im Nacken und in den Backen, mit denen sie sehr fest zubeißen können. Wenn sie sich einmal festgebissen haben, dann lassen sie so leicht nicht mehr los, ganz gleich

ob es eine Kröte oder ein Eichhörnchen ist, das sie gepackt haben.

Schnell sind sie auch. Besonders das Wiesel, ein ganz kleiner Marder, huscht unglaublich flink umher. Daher sagt man auch, dass jemand wieselflink ist, wenn er besonders schnell rennen kann.

Größere Tiere wie Feldhasen jagen sie selten und meistens nur, wenn die Beute alt, schwach oder krank ist. Dadurch sind die Marder so eine Art Gesundheitspolizei im Wald. Die gesunden Tiere entwischen den Mardern oft.

Wenn ich ein Baummarder wäre, dann wäre mir die Mäusejagd am liebsten, denn Mäuse sind leicht zu

Baummarder oder Edelmarder

fangen und machen auch satt. Ein naher, ziemlich scheuer Verwandter des Marders ist der Iltis. Er lebt fast immer in Wassernähe. Um seinen Bau und sein Jagdgebiet als sein Eigentum kenntlich zu machen, besprüht er Steine und Wurzeln an den Reviergrenzen mit einer stinkenden Flüssigkeit aus kleinen Öffnungen unter seinem Schwanz. Diese Duftmarken stinken fürchterlich und halten fremde Iltisse fern, weswegen man das Tier auch »Stänker« nennt.

Sein Futter sucht der Iltis am liebsten im Wasser. Dort ist kein Frosch, keine Kröte, kein Krebs, kein Fisch und kein Molch vor ihm sicher. Warum dort, wo der Iltis seine Mahlzeit verzehrt, der Boden bedeckt ist mit abgebissenen Krötenköpfen, erzählt uns der Iltis am besten selbst.

> Also, dass du das nicht weißt!
> Kröten haben, wie zum Beispiel Salamander auch, ganz dicke Drüsen am Kopf. Wenn man da draufbeißt, dann kommt ein giftiger Saft raus, der ganz schlecht schmeckt.
> Deswegen lasse ich die Köpfe lieber liegen und fresse sie nicht mit.

Amphibien wie die Erdkröte, den Bergmolch und die Gelbbauchunke frisst der Iltis sehr gerne.

Wenn wir jetzt schon mal beim Iltis am Wasser sind, dann können wir auch gleich die Amphibien kennenlernen ...

Iltis oder Waldiltis

Der Salamander & Co.

Zu den Amphibien, die der Iltis gerne frisst, gehören nicht nur die Kröten, Molche und Frösche, sondern auch die Unken und die Salamander.

Viele von ihnen leben in den Wäldern des Nationalparks. Tagsüber verstecken sie sich in Erdhöhlen, wo es schön kühl und feucht ist und wo sie vor dem Iltis oder dem Fuchs sicher sind. Die kühlen und feuchten Verstecke brauchen sie zum Schutz für ihre sehr empfindliche Haut. Alle Amphibien atmen nämlich nicht nur mit ihren Lungen, sondern auch mit ihrer Haut, die deswegen niemals austrocknen darf.

In der Nacht und wenn es regnet, machen sie sich auf die Futtersuche, nach Schnecken, Würmern und Asseln.

Feuersalamander

Im Winter finden sie die natürlich nicht, also müssten Kröten, Molche, Frösche und Salamander dann eigentlich hungern. Sie bleiben aber im Winter einfach in ihren Höhlen und werden dort vor Kälte ganz starr. Das nennt man Winterstarre. Alle Amphibien sind immer fast so kalt wie ihre Umgebung und bei Kälte eben ganz starr und steif.

Die Gelbbauchunke lebt etwas außerhalb des Nationalparks. Sie legt ihren Laich gerne in kleine Pfützen.

Ein Wasserrad

... lässt sich mit wenig Material ganz einfach bauen. Man braucht etwas Rinde, ein paar Stöcke, ein gutes Messer, etwas Schnur, es geht zur Not auch geflochtenes Gras, und ein wenig Geschick.

Zunächst suchen wir uns 2 frische dünne Stöcke von etwa 20 cm Länge. Das werden die Schaufelarme. In der Mitte schnitzen wir dann eine ca. 2 cm breite Stelle flach. Dann kerben wir die Enden vorsichtig ein. Achtung, der Stock darf sich nicht spalten! Die Schaufeln für die so vorbereiteten Arme schneiden wir aus einem Rindenstück heraus. Am besten geeignet ist dafür Fichten- oder Kieferrinde. Je dünner die Rindenstücke sind, desto besser. Die ausgeschnittenen Schaufeln werden dann in die Kerben an den Enden der Arme geschoben und, wenn nötig, noch festgebunden.

Jetzt brauchen wir ein etwas dickeres Stöckchen von mindestens 20 cm Länge. Das gibt die Wasserradachse. Die beiden Enden spitzen wir erstmal zu.

Dann schneiden wir links und rechts von der Mitte eine flache Stelle aus. Nun verbindet man die Achse mit den Armen, indem man jeweils die flache Stelle der Arme mit einer der Achse zusammenbringt und dann fest verschnürt. Schon haben wir ein Wasserrad mit einer Achse fertig. Jetzt brauchen wir nur noch eine Halterung, auf der sich die Achse drehen kann. Dazu suchen wir uns zwei kleine, etwa 1 bis 2 cm dicke Astgabeln. Die spitzen wir unten an, damit sie sich leichter in den Bachgrund stecken lassen. Dabei müssen wir beachten, dass sie genau so weit auseinanderstehen, dass die Achse dazwischenpasst. Wenn man möchte, kann man die spitzen Enden der Achse noch mit einem Rindenstückchen sichern, damit sie nicht so leicht von der Astgabel rutschen. Jetzt ist unser Wasserrad fertig und sollte sich in der Strömung richtig drehen!

Nach dem Winter, wenn es wieder langsam wärmer wird, werden alle Amphibien wieder beweglich und machen sich auf den Weg zu ihrem eigenen Geburtsort. Das kann eine große Pfütze, ein Tümpel oder ein Bach sein. Dort legen die Kröten, Frösche, Molche und Unken ihre Eier und die Salamander ihre schon im Bauch geschlüpften Larven ins Wasser ab. Kurz danach kehren die meisten wieder in den Wald zurück. Dort suchen sie kühle, feuchte Stellen zwischen Farnen, Moosen und Flechten auf, wo es ausreichend Verstecke und Futter gibt.

Die häufigste und auch die größte Kröte bei uns ist die Erdkröte.

Ihre Kaulquappen sehen ihr schon ein bisschen ähnlich.

Farne, Moose und Bärlappe

Beim Schnitt durch den Stiel, links oben, soll man die Umrisse eines Adlers erkennen, daher der Name Adlerfarn.

Adlerfarn

Weil die Farne so geheimnisvolle Pflanzen sind, werden viele Legenden über sie erzählt. So heißt es in manchen Sagen und Märchen, dass Farn unsichtbar macht oder man mit seiner Hilfe Schätze finden kann.

Der Adlerfarn bekam seinen Namen, weil man in seinem quer durchgeschnittenen Stiel den Umriss eines Adlers erkennen kann. Dass man dazu schon ein wenig Fantasie braucht, erkennt man auf dem Bild links oben. Da habe ich für euch einen Farnstiel mal durchgeschnitten. Seht ihr den Adler?

Farne, Moose und Bärlappe sind die Nachfahren der ersten Pflanzen, die vor vielen Millionen Jahren das Land erobert haben. Sie haben sich seitdem sehr wenig verändert und vermehren sich bis heute nicht mit Samen, wie alle Kräuter, Blumen, Bäume und Sträucher, sondern mit staubfeinen Sporen.

Die Blätter der meisten Farne welken im Herbst. Im Frühjahr entrollen sie sich dann aus der Wurzel neu.

Torfmoos

Auch Moose vermehren sich mit Sporen. Was aber noch un-

Die Blättchen vieler Moose sind so dünn, dass man unter dem Mikroskop gut die Zellen sehen kann.

gewöhnlicher ist: Sie haben keine Wurzeln. Moose wachsen einfach immer weiter, während die unteren Pflanzenteile absterben und zu Torferde werden.

Es gibt mehr als 5000 verschiedene Moos-Arten. Einige von ihnen wurden früher als Heilpflanzen verwendet. Ganz besonders wichtig ist der Torf, der daraus entsteht. Mit ihm kann man heizen. Moos dient aber auch als Dichtmaterial für Holzhäuser, als Verpackungsmaterial für zerbrechliche Gegenstände oder als Dekoration und manchmal auch als Kissenfüllung.

Im Nationalpark Schwarzwald wächst häufig noch ein seltener Verwandter der Moose, die Bärlappe. Mit den Sporen dieser Pflanze werden die Feuerrohre der Feu-

Der Schlangen-Bärlapp, auch Wald-Bärlapp oder Sprossender Bärlapp genannt, ist besonders geschützt.
Früher galt die Pflanze als Zauber- oder Hexenpflanze sowie als Heilpflanze.

erschlucker gefüllt. Wenn man den Sporenstaub ins Feuer bläst, dann verglüht er als Funkenregen.

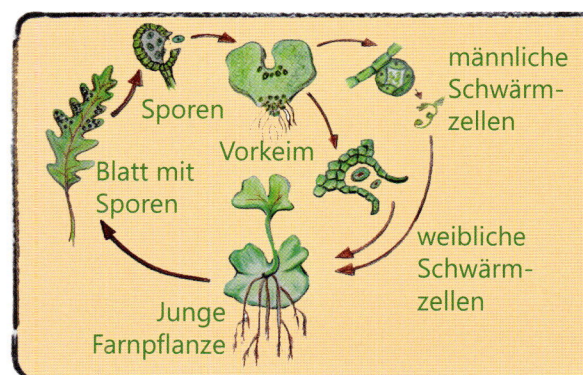

Sporen
Blatt mit Sporen
Vorkeim
Junge Farnpflanze
männliche Schwärmzellen
weibliche Schwärmzellen

Wie kompliziert es ist und was alles passieren muss, bis eine Farnpflanze gewachsen ist, das versuche ich euch mal zu erklären: Wenn die Sporen an einem geeigneten Ort auf die Erde fallen, werden sie zu einer Art kleinem Pflänzchen. Auf diesem Pflänzchen bilden sich männliche Schwärmzellen. Aus ihnen machen sich winzigste Keimzellen auf zu den ebenfalls auf dem Pflänzchen wachsenden weiblichen Eizellenbehältern mit ihren Eizellen. Wenn sich die Schwärmzellen und die Eizellen gefunden haben, dann erst wächst aus dem kleinen Keimling ein richtiges junges Farnkraut.

Das alles dauert ungefähr 7 Jahre!

Die Kreuzotter

In meiner Heimat, dem Nationalpark Schwarzwald, gibt es auch Reptilien. So nennen Wissenschaftler Kriechtiere wie Schlangen und Echsen. Leider ekeln sich ziemlich viele Menschen vor diesen Tieren oder haben sogar Angst vor ihnen.

Das liegt vermutlich daran, dass sie sich sehr von uns unterscheiden. Sie haben keine glatte Haut, kein Fell, manche haben sogar keine Beine. Aber das ist kein Grund, sie nicht zu mögen, denn Reptilien sind ganz erstaunliche Tiere, die es seit über 300 Millionen Jahren auf der Erde gibt.

Sie haben sehr viel feinere Sinne als wir. Mit ihrer Zunge können sie unglaublich gut riechen und sogar Wärme spüren. Das ist für sie ganz wichtig, um Beutetiere zu finden, denn sie ernähren sich von Mäusen, Käfern, Schnecken, Heuschrecken, Würmern oder kleineren Kriechtieren. Am meisten gefürchtet sind die Schlangen. Dabei ängstigen sie sich sehr vor uns und verkriechen sich sofort, wenn sie uns begegnen.

Insgesamt gibt es bei uns nur wenige verschiedene Schlangenarten. Die bekannteste ist die sehr seltene

Kreuzotter

und giftige Kreuzotter. Sie lebt in den kühlen Höhen und in Mooren. Es gibt sie in verschiedenen Farben, von rötlich über braun bis fast ganz schwarz.

Wenn dieses nicht sehr große Kriechtier seine Beute sucht, dann legt es sich auf die Lauer, bis eine Maus in seine Nähe kommt. Wenn das passiert, beißt sie blitzschnell zu, und in kurzer Zeit ist die Maus vom Gift der Schlange gelähmt. Jetzt kann die Kreuzotter sie in aller Ruhe hinunterwürgen. Bei großen Beutetieren hängt sie dazu ihren Kieferknochen aus. So schafft sie es, sehr große Happen zu verschlingen.

Dort, wo die Kreuzotter lebt, gibt es noch andere Reptilien. Eins davon, die Blindschleiche, wird oft mit einer Schlange verwechselt. Sie ist aber gar keine Schlange, sondern eine echte Eidechse, der keine Füße wachsen. Nur manchmal erkennt man noch kleine, braune, spitze Schuppen, wo eigentlich die Beine sein müssten.

Echsen und Schlangen sind leicht an den Augen unterscheidbar. Schlangen können ihre Augen nicht schließen, die Blindschleichen und andere Echsen aber schon. Sie haben richtige Augenlider.

Eine Eidechse, die noch Beine hat und die es gerne kühl und feucht mag, ist die Berg- oder Waldeidechse. Sie lebt bis etwa 2500 Meter Höhe im Gebirge. Wenn sie nicht aufpasst, wird sie da von der Kreuzotter gefressen, obwohl die beiden oft gemeinsam in einem Versteck überwintern.

Die Kreuzotter, die Blindschleiche und die Waldeidechse bekommen auf eine ganz besondere Art Nachwuchs.

Die Waldeidechse, die Blindschleiche und die Kreuzotter leben in ziemlich kalten Gegenden. Weil die Eier dort nicht von der Sonne ausgebrütet werden können, bringen die drei Reptilien scheinbar lebende Nachkommen zur Welt. Tatsächlich legen sie aber, wie alle anderen Reptilien auch, Eier. Nur schlüpfen die Jungtiere genau in dem Moment, wenn ihre Mutter die Eier ablegt. Das sieht dann so aus, als wären die Kleinen gar nicht in einem Reptilienei gewesen. Nach der Geburt sind die Jungen sofort selbstständig und müssen alleine für sich sorgen.

Wald-
eidechse

Blindschleiche

35

Die Singvögel

Von den Vögeln, die im Nationalpark zu Hause sind hab ich ja schon den Sperlingskauz, also mich, die Spechte, die Häher, den Fichtenkreuzschnabel und das Auerhuhn vorgestellt. In den Gebüschen auf den Grinden, zwischen Heidekraut und Heidelbeere, und an den Waldrändern kann man aber noch andere Vögel beobachten. Da flattert die kleine Tannenmeise und der Dompfaff, aber auch der flinke Baumpieper fühlt sich hier wohl.

Ein besonders schöner, bunter Vogel ist auch der Gartenrotschwanz. Er findet nur im Heidekraut und im dichten Gestrüpp genug Käfer und Schmetterlinge, um davon leben zu können. Im Herbst, bevor der Winter kommt, macht er sich auf den Weg nach Afrika. Dort bleibt er, solange es hier kalt ist. Im Frühling kommt er wieder zurück, um ein Nest zu bauen und seine Jungen großzuziehen.

Seine Kinderstube baut er gerne in verlassene Spechthöhlen oder in Felsnischen. Aus den etwa 3 bis 7 Eiern, die das Gartenrotschwanz-Weibchen legt, schlüpfen nach 12 bis 15 Tagen dann die Küken. Sie werden von den Eltern mit Insekten und manchmal sogar mit

Wintergoldhähnchen

kleinen Beeren gefüttert. Nach zwei Wochen verlassen die Jungen das Nest.

Die Ringdrossel ist ein sehr scheuer Vogel. ihr Nest baut sie auf Nadelbäumen oder in Büschen in den Bergen. Ihre 3 bis 5 braungefleckten Eier brütet sie genau so lange wie der Gartenrotschwanz. Sie frisst auch das Gleiche, allerdings ist ihre Lieblingsspeise der Regenwurm. Diesen findet die Ringdrossel im

Gartenrotschwanz

Winter kaum. Wenn es kalt wird, muss sie sich auf den Weg nach Süden machen, damit sie nicht verhungert.

Ganz niedlich sind die Wintergoldhähnchen, die oft miteinander streiten. Dieser Vogel ist winzig, noch kleiner als der Zaunkönig, und ähnelt einer Kugel. Im Nationalpark kann er ungestört leben und genug Nadelbäume finden, in deren dünne Zweigspitzen er sein Nest aus Moos, Gras und Flechten einweben kann. Manchmal legen die Wintergoldhähnchen 8 oder gar 12 Eier, dann wird es schon sehr eng im Nest.

So ein Ei wiegt zwar nur etwa 1 Gramm. Für ein Goldhähnchen, das selbst nur 5 Gramm wiegt, ist das aber ein sehr großes Ei. Diese und alle anderen Vögel sorgen dafür, dass es nicht zu viele Spinnen, Käfer und Raupen gibt. Auch daran sieht man, dass in der Natur alles miteinander in Verbindung steht. Gibt es sehr viele Insekten, dann gibt es auch viele Jungvögel, da es ausreichend Futter für alle gibt. In Jahren in denen es wenige Insekten gibt, gibt es weniger Nachwuchs, da nicht für alle genug Futter zu finden ist ...

Kräuterbutter

Richte dir zu Hause ein kleines Glas mit Schraubverschluss. Da füllst du Sahne, Knoblauch und etwas Salz ein und nimmst es mit auf deinem Ausflug in die Natur.

Auf jeder schönen Blumenwiese kannst du nun Kräuter für deine Kräuterbutter sammeln: Borretsch, Wiesenknopf, Sauerampfer, Wiesensalbei, Thymian, Gundermann und viele mehr. Richtig erfrischend ist die Kräuterbutter, wenn du im Sommer noch etwas Minze dazutust.

Die frischen Kräuter werden nun ganz klein geschnitten oder gezupft und kommen ins Glas.

Dann wird die Sahne mit den Kräutern so lange geschüttelt, bis daraus Butter geworden ist.

Schmeckt prima auf frischem Brot!

Ringdrossel

Pilze und Flechten

Ich wundere mich immer wieder über die Pilze. Ich weiß nie, ob ich sie für Tiere oder Pflanzen halten soll. Und das geht nicht nur mir so, sondern auch vielen Wissenschaftlern. Deswegen haben sie einfach irgendwann gesagt: Pilze sind Pilze, keine Pflanzen und keine Tiere, sondern einfach Pilze.

Dass Pilze keine Pflanzen sind, erkennt man schon daran, dass sie nicht grün sind. Um aufrecht stehen zu können, haben sie ein Stützgerüst aus Chitin. Daraus sind zum Beispiel auch Insektenpanzer gemacht. Bei den Pflanzen ist das Stützgerüst aus Holzfasern. Pilze haben auch keine Blüten oder Blätter.

Die meisten Pilze können nicht einfach irgendwo wachsen, sie brauchen dazu einen Baum- oder einen Krautpartner. Man sagt dann, die Pilze leben in einer Symbiose mit einer bestimmten Pflanze. Der Pilz bekommt dann von der Pflanze etwas, muss aber auch etwas hergeben. Das können Nährstoffe oder Zucker sein. Für den Pilz und die Pflanze ist das ein großer Vorteil.

Es gibt aber auch Pilze, die nicht in so einer Gemeinschaft leben, sondern die Pflanze, die sie besiedeln, einfach auffressen. Wenn alle Nährstoffe verbraucht sind, dann ist für beide das Ende ihres Lebens gekommen. Meistens sind die Bäume, die auf diese Weise absterben, schon alt, krank und geschwächt. Durch den Pilz und mit dem toten Baum entsteht wieder wertvoller Mutterboden, auf dem neue Pflanzen wachsen können.

Ich staune immer wieder, wozu man Pilze braucht. Ohne sie könnte man kein Sauerteigbrot, keinen Essig und keinen Wein machen. Es gäbe auch manche Medizin nicht.

Noch eigentümlicher sind Flechten. Sie sind halb Pflanze und halb Pilz. Also eigentlich ist die Flechte ein Pilz, der mit einer einfachen Pflanze, einer Alge, zusammen in einem Körper lebt. Pilz und Alge sind so miteinander verwachsen, dass sie nicht mehr zu trennen sind und eine feste Lebensgemeinschaft bilden.

Der Pfifferling (links) und der Fichtensteinpilz (rechts) sind essbare Pilze. Sie leben mit Nadelbäumen in einer sogenannten Symbiose.

Erdkröte

Wie das Moos, der Bärlapp und der Farn vermehren sich auch die Pilze und Flechten mit Sporen.

Scharlachflechte

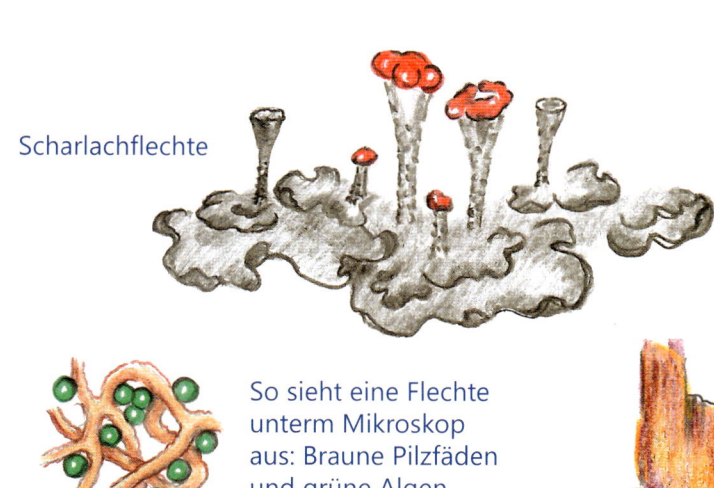

Die Pilze, die du im Wald siehst, sind eigentlich die Früchte des richtigen Pilzes. Denn was die Wissenschaftler »Pilz« nennen, lebt unter der Erde und sieht fast aus wie ein wirrer Knäuel von Nähgarn.

Manchmal wächst dieser Knäuel, den man auch Myzel oder Pilzgeflecht nennt, sehr lange unsichtbar im Boden, bis sich dann plötzlich kleine Pilzkörper durch die Erde nach oben schieben. Die Pilzkörper breiten dann ihren Hut aus.

Aus dem fallen unheimlich viele winzig kleine Sporen heraus, die vom Wind weggetragen werden. Die Sporen, die so etwas Ähnliches wie Samenkörner sind, landen dann irgendwann auf dem Boden und wachsen wie Fäden. Wenn sich nach einiger Zeit zwei Fäden (Hyphen) treffen und zusammenwachsen, dann ist daraus ein neuer Pilz geworden.

So sieht eine Flechte unterm Mikroskop aus: Braune Pilzfäden und grüne Algen

Der Tannenstachelbart ist einer von vielen Pilzen, die dabei helfen, dass totes Holz zu Humus werden kann.

So sehen Pilzsporen unter dem Mikroskop aus!

Die Vermehrung der Pilze und der Stoffaustausch mit den Bäumen findet an den dicken Enden des Pilzgeflechts statt. Ihr könnt das hier am Fliegenpilz sehen.

Totholz

Manche finden es schön, andere sagen es wäre furchtbar hässlich. Wovon ich rede? Natürlich vom Totholz, von den Bäumen, die nicht mehr grün sind, die abgestorben sind, weil der Sturm sie entwurzelt hat, weil sie alt waren, weil zu viele Käfer ihre Eier unter die Rinde gelegt haben oder weil ein Pilz die letzte Kraft des schon kranken Baumes verbraucht hat. Es gibt viele Möglichkeiten, wie Totholz entsteht.

Ob man es nun schön findet oder nicht, es gehört zur Natur dazu. Überall und immer gibt es junge, mittlere und alte Lebewesen im Kreislauf der Natur, im Pflanzen- und im Tierreich.

Ein gutes Beispiel ist der Komposthaufen im Garten. Auf ihm werden alle Pflanzenteile, die im Garten anfallen, aufgeschichtet. In diesem Berg von totem »Gartenabfall« wimmelt es nur so von Leben. Milben, Würmer, Käfer, Fliegen, Pilze und Schnecken tummeln sich da zu Tausenden. Ganz ähnlich ist das beim Totholz, das, wie ich meine, eigentlich besser Lebendholz heißen sollte.

Es beginnt schon beim alten, kranken Baum, der für viele Baumpilze als Nahrung dient und ebenso als Kinderstube für Insekten. Flechten und Moose überwuchern ihn und Schnecken raspeln mit ihren rauen Zungen an ihm herum.

Nach und nach verwandelt sich das feste Holz des Baumes in eine morsche weiche Masse. Wenn viele Käferlarven unter der Rinde zu finden sind, dann werden diese Bäume oft von Vögeln, Dachsen und Bären aufgesucht. Die wissen genau, dass es hier für sie etwas sehr Leckeres zu fressen gibt.

Irgendwann kann man den Baum kaum noch erkennen. Die letzten nahrhaften Holzreste werden nun von Bodentieren gefressen und in ihrem Körper zu gutem Humus, zu Muttererde, verdaut. Diesen Humus brauchen die neuen Baum-Generationen zum Keimen und Wachsen, und damit beginnt der Kreislauf des Lebens von Neuem.

Wenn es im Wald kein Totholz gäbe, dann hätten unzählige Käfer und Ameisen keinen Lebensraum. Raubkäfer hätten kein Jagdrevier, Baumpilze keinen Platz zum Wachsen und viele Vögel und Säugetiere keine Höhlen, um ihren Nachwuchs aufzuziehen.

Deshalb finde ich Totholz schön und vor allem spannend, denn in ihm und drumherum leben eine Un-

Geweih-förmige Holzkeule

Hallimasch

Großer Eichenbock

Zunderschwamm

Maikäferengerling

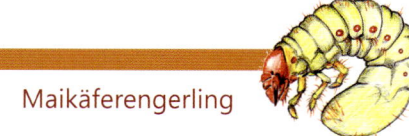

menge der interessantesten Lebewesen, die es im Wald gibt und die nur wenige wirklich kennen.

Jetzt habe ich euch eine ganze Menge, aber noch nicht alles vom Nationalpark erzählt und es ist an der Zeit, dass ihr mich dort mal besucht!

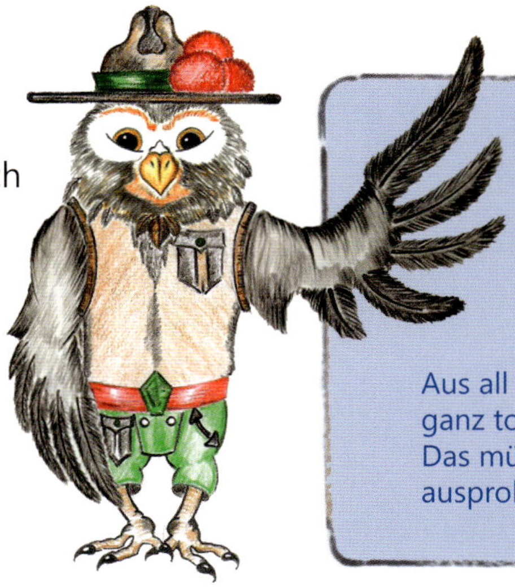

Naturmandala

Rund um einen toten Baum und überall sonst im Wald findet ihr jede Menge tolle Sachen, wie Zapfen, Rindenstücke, Steine, Moospolster und vielleicht sogar ein paar Federn.
Aus all diesen Sachen lassen sich ganz tolle Mandalas legen.
Das müsst ihr unbedingt ausprobieren!

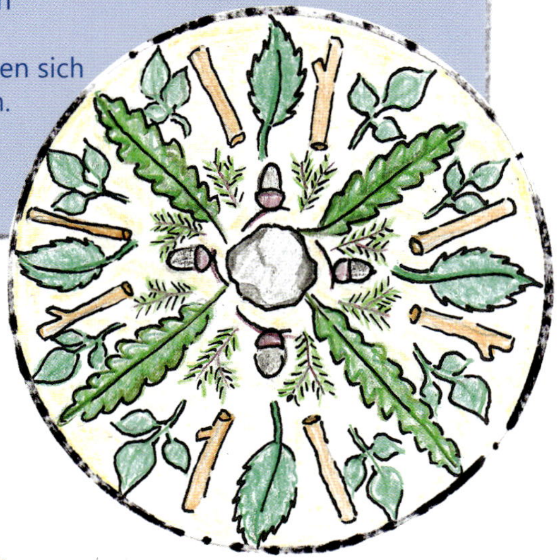

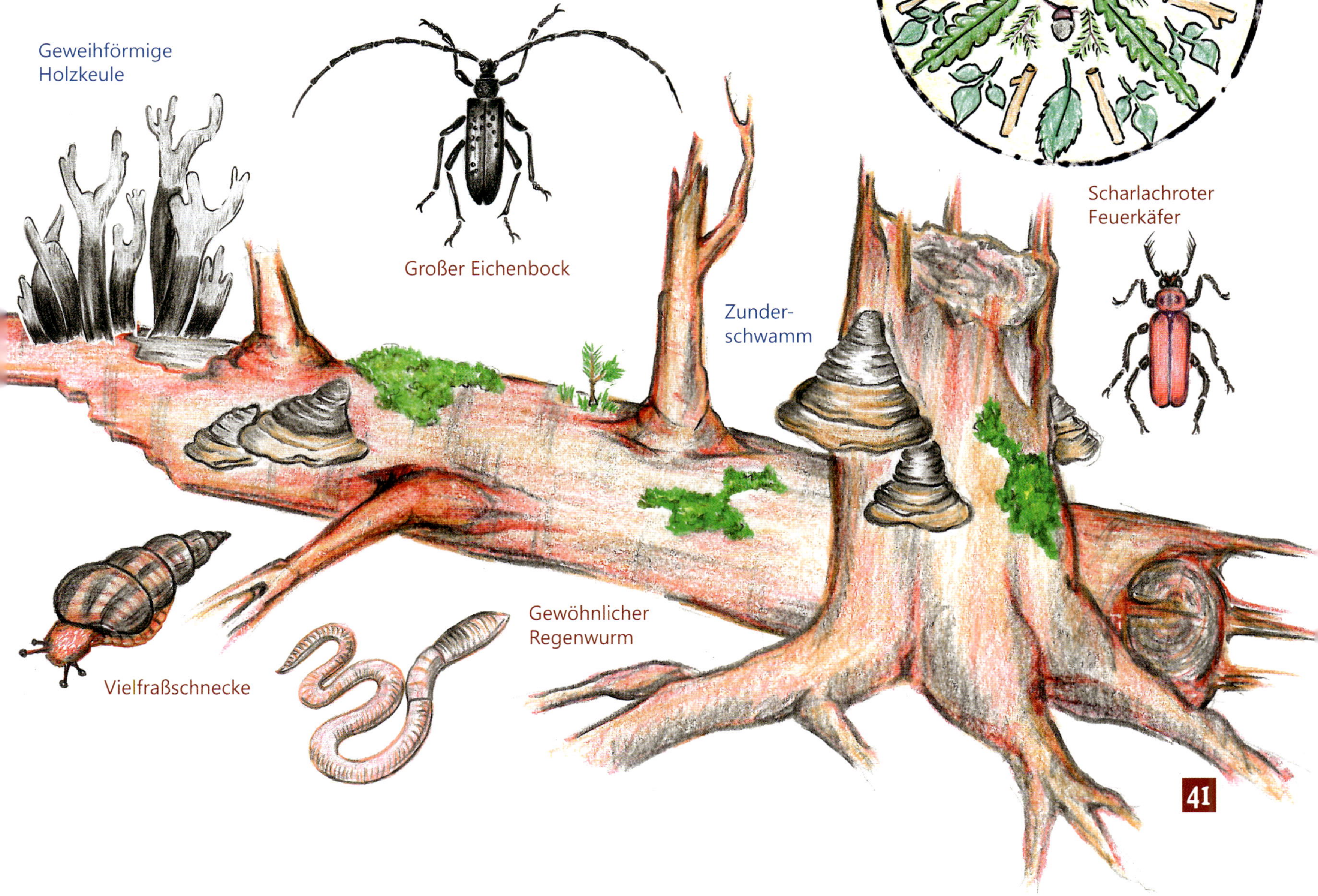
Geweihförmige
Holzkeule
Großer Eichenbock
Zunder-
schwamm
Scharlachroter
Feuerkäfer
Gewöhnlicher
Regenwurm
Vielfraßschnecke

Tiere

Der Rothirsch

Er ist die größte Tierart, die in unseren Wäldern heute noch lebt. Die Hirsche, also die männlichen Tiere, tragen im Herbst ein Geweih. Damit kämpfen sie untereinander darum, wer der Stärkste ist und wer das Rudel (die Herde) der Hirschkühe anführen darf.
Häufig!

Das Reh

Das Reh ist viel kleiner als der Rothirsch. Der Rehbock, so nennt man die männlichen Rehe, hat nur ein kleines Geweih mit höchstens sechs Spitzen. Beim Reh nennt man das Geweih übrigens Gehörn. Die Böcke leben das ganze Jahr alleine, nur die Ricken, also die Weibchen, bilden manchmal kleine Gruppen.
Häufig!

Der Rotfuchs

Er ist ein naher Verwandter des Hundes. In vielen Sagen und Fabeln wird er als schlau, verschlagen und listig beschrieben. Das ist er bestimmt, aber nicht weil er boshaft ist, sondern weil er seine Hauptspeise, nämlich Mäuse, nur mit Klugheit und größter Vorsicht fangen kann.
Häufig!

Die Wildkatze

Sie ist nicht sehr nahe mit unserer Hauskatze verwandt, obwohl sie ihr zum Verwechseln ähnlich sieht. Wie der Fuchs liebt sie die Jagd auf Mäuse. Was sie gar nicht mag, ist gesehen zu werden, deshalb verlässt sie niemals lange den dichten Wald.
Sehr selten!

Der Luchs

Der Luchs ist die größte Raubkatze in Europa. Beinahe wäre er ganz ausgerottet worden, aber zu Glück und mithilfe strenger Schutzmaßnahmen werden diese wunderschönen Katzen mit dem besonderen Stummelschwanz wieder häufiger gesichtet.
Extrem selten!

Das Haselhuhn

Es ist ein sehr seltener Vogel und einer von den wenigen Hühnervögeln, die bei uns heimisch sind. Es ist sehr scheu und lebt deswegen in weiten, möglichst einsamen Wäldern. Da die Haselhühner sehr standorttreu sind, tauchen sie dort, wo sie einmal verschwunden sind, kaum wieder auf.
Extrem selten!

Der Wanderfalke

Dieser seltene Falke ist der schnellste Vogel der Welt. Im Sturzflug kann er über 350 Stundenkilometer schnell werden. In den Felsen der Höhenlagen des Schwarzwaldes kann man ihn heute wieder etwas häufiger beim Brüten beobachten. Man erkennt ihn sehr gut an seiner geringen Größe und seinem auf der Brust gestreiften Federkleid.
Selten!

Der Kolkrabe

Er ist der größte von allen Rabenvögeln und damit auch der größte Singvogel. Auch er ist ziemlich selten geworden. Als echter Allesfresser macht er sich auch gerne wie ein Geier über tote Tiere her.
Selten!

Der Waldbaumläufer

Das ist ein kleiner, unscheinbarer, scheuer Vogel mit einem langen gebogenen Schnabel. Auf Futtersuche klettert er spiralförmig an Baumstämmen hoch, um dort alle Arten von Insekten aus der Rinde zu picken. Ist er an einem Stamm oben angekommen, dann fliegt er zum Fuß des nächsten Baumes und beginnt dort von Neuem sich hinaufzuwinden.
Selten!

Die Wasseramsel

Ihr Lebensraum sind die klaren, schnell fließenden Bäche und Flüsse. Sie ist der einzige Singvogel, der richtig tauchen kann. Unter Wasser kann sie dabei laufen und fliegen, fast so wie an Land.
Häufig!

im Nationalpark

Die Ringelnatter

Diese Schlange kann man ziemlich oft sehen. Sie lebt immer in der Nähe von Gewässern, ganz gleich ob Seen, Teiche, Flüsse oder Bäche. Wenn sie sich bedroht fühlt, dann stellt sie sich manchmal tot.
Häufig!

Die Zauneidechse

Auf Wiesen und am Waldrand lebt die Zauneidechse. Die Männchen dieser ziemlich großen Eidechse haben während der Paarungszeit einen leuchtend grünen Rücken.
Selten!

Der Fadenmolch

Dieser kleine Molch ist dem Teichmolch sehr ähnlich. Seinen Namen hat er wegen des fadenförmigen Hautzipfels an seiner Schwanzspitze. Die Fadenmolche leben in höheren Lagen als die Teichmolche.
Selten!

Die Schlingnatter

Auf trockenen Hochmoorflächen und Blockhalden fühlt sich diese kleine Schlange wohl. Sie ist völlig harmlos, wird aber häufig mit der größeren giftigen Kreuzotter verwechselt.
Selten!

Die Bachforelle

Ein ganz typischer Fisch der klaren, kalten, sauerstoffreichen Gebirgsbäche ist die Bachforelle. Diese einheimische Forelle reagiert sehr empfindlich auf Gewässerverschmutzung und hohe Temperaturen.
Häufig!

Der Kaisermantel

Das ist einer der großen Schmetterlinge bei uns. Seine Flügel sind kräftig orange mit einer dunkelbraunen Fleckenzeichnung. Diese Art lebt meist im Bergwald, in der Nähe von Lichtungen und Waldwiesen. Seine Raupen leben an wilden Veilchen.
Selten!

Der Alpenbockkäfer

Dieser ziemlich große Bockkäfer ist so selten, dass er vollkommen geschützt ist. Seine Eier legt er in den Bergen an Buchen ab, in deren Holz sich die Käfer dann entwickeln.
Extrem selten!

Der Mistkäfer

Ihn kennt eigentlich jeder, der regelmäßig durch den Wald spaziert. Der Käfer ernährt sich vom Dung der Wildtiere, den er im Wald reichlich findet. Als einer der wenigen Käfer betreibt er Brutpflege, in dem er für seinen Nachwuchs Kammern anlegt und Futtervorräte herbeischafft.
Häufig!

Die Hornisse

Von diesem Insekt gibt es viele Schreckensgeschichten. Heute noch wird oft gesagt, dass sieben Hornissenstiche für ein Pferd tödlich sind. Das stimmt natürlich nicht, denn Hornissen sind zwar groß und laut, aber weit weniger angriffslustig als Wespen, und ihr Stich ist auch nicht schlimmer.
Selten!

Die Alpine Gebirgsschrecke

Sie ist an ein Leben im Gebirge angepasst. Man findet sie bis in 2800 Metern Höhe. Die Gebirgsschrecken im Schwarzwald sind von den in den Alpen lebenden seit ungefähr 10 000 Jahren getrennt.
Selten!

Pflanzen und Pilze

Die Waldkiefer

Sie ist ein Baum mit wenig Ansprüchen. Meist wächst sie an trockenen, nährstoffarmen Stellen. Von und auf der Kiefer leben sehr viele Tiere wie der Kiefernprachtkäfer, der Kiefernspanner und der Kiefernrüsselkäfer.
Häufig!

Die Buche

Dieser Baum gehört zusammen mit der Tanne zu den ursprünglich im Schwarzwald heimischen Baumarten. Wälder, in denen sehr viele Buchen wachsen, sind auch sehr artenreich. Besonders die Krautpflanzen können sich in der Zeit, in der die Buche kein Laub hat, sehr gut entwickeln.
Häufig!

Die Stechpalme

Dieser immergrüne Baum wird in vielen Ländern wegen seiner roten Beeren und glänzenden, stachligen, dunkelgrünen Blättern als Weihnachtsdekoration benutzt. Man muss aber aufpassen, denn die Beeren und die ganze Pflanze sind sehr giftig, wenn man sie isst.
Häufig!

Der Rote Holunder

Diese Holunderart bevorzugt höhere Lagen. Wie beim Schwarzen Holunder sind seine unreifen Beeren giftig. Sie werden jedoch für die Herstellung von Marmeladen und Säften verwendet.
Häufig!

Die Krähenbeere

Diese immergrüne Pflanze bildet im hohen Norden und oberhalb der Baumgrenze oft ganze Krähenbeerenheiden. Im Schwarzwald kommen sie nur vereinzelt vor. Sie haben einen sehr hohen Vitamin-C-Gehalt und eignen sich als natürliches Färbemittel.
Selten!

Die Weiße Waldhyazinthe

Sie ist eine einheimische Orchidee, die an feuchten Wegrändern und Lichtungen im Wald vorkommt. Die Blüten haben sich auf eine Bestäubung durch Nachtfalter spezialisiert.
Sehr selten!

Das Sandglöckchen

Das Sandglöckchen ist eine hübsche, kleine, blaublütige Blume aus der Familie der Glockenblumen. Ihre Blüten haben aber nicht die typische Glockenform. Sie wächst im Schwarzwald vereinzelt an trockenen, sonnigen Stellen.
Sehr selten!

Der Salbeiblättrige Gamander

Ihn findet man überall im Schwarzwald. Der Salbeiblättrige Gamander ist eine von rund 250 Gamanderarten. In der Naturheilkunde werden seine Bitter- und Schleimstoffe zur Heilung eingesetzt.
Häufig!

Die Bachnelkenwurz

Diese Pflanze gehört zu den Rosengewächsen, ähnelt aber viel mehr einer Glockenblume. Sie ist ein typischer Bewohner von schattigen, feuchten Bachufern. Ihre dunkelrot-bräunlich-beige Blüte sieht sehr ungewöhnlich aus.
Häufig!

im Nationalpark

Die Hohe Schlüsselblume

Diese bekannte und beliebte Pflanze blüht schon im zeitigen Frühjahr. Stellenweise sind feuchte und lichte Hänge von ihr übersät. In der Volksmedizin wurde sie als schleimlösendes Heilmittel eingesetzt.
Häufig!

Die Einbeere

Man findet sie an feuchten Stellen, meist unter Laubbäumen. Sie hat nur vier Blätter, die kreuzförmig angeordnete sind. In der Mitte des Blattkreuzes reift eine einzige schwarzblaue, giftige Beere heran. Die Pflanze kann bis zu 15 Jahre alt werden.
Sehr selten!

Das Brunnenlebermoos

Das Lebermoos gehört zu den sogenannten Laubmoosen. Diese wachsen nur an ständig nassen Stellen, besonders an Brunnen und Quellen. Ihren Namen verdankt sie den leberförmigen Blättern.
Häufig!

Der Hirschzungenfarn

Dieser Farn ist ziemlich selten. Man kann ihn an der Nordseite von sogenannten feuchten Schluchtwäldern finden. Er ist auch als gezüchtete Zimmerpflanze sehr beliebt.
Selten!

Die Bartflechte

Die Bartflechte gehört zu den Strauchflechten. Sie bevorzugt feuchte Kaltluftgebiete. Dort wächst sie meist an der Rinde von Nadelbäumen. Wie fast alle Flechten reagiert auch die Bartflechte sehr empfindlich auf Luftverschmutzung.
Häufig!

Der Tannenstachelbart

Das ist ein sehr seltener Pilz, der als sogenannter Wundparasit nur an alten, großen Tannen vorkommt. In Asien gelten die Stachelbärte als gute Speisepilze mit einer großen Heilwirkung.
Extrem selten!

Die Zitronengelbe Tramete

Diese Tramete ist ein weltweit sehr seltener Pilz. Ohne den Rotrandigen Baumschwamm und viel Fichtentotholz kann dieser Pilz nicht gedeihen.
Extrem selten!

Der Rotrandige Baumschwamm

Der Baumschwamm wird auch Fichtenporling genannt, da er fast nur an diesem Baum wachsen kann. Manchmal findet man den Pilz aber auch an Buchen, Tannen, Kiefern, Erlen, Birken und Apfelbäumen.
Häufig!

Der Mohrenkopf

Dieser Milchlingspilz kommt nur im Bergland vor. Er ist daher in ganz Deutschland sehr selten und steht in vielen Bundesländern auf der Roten Liste der geschützten Arten. Bevorzugt wächst er an Fichten.
Selten!

Der Strubbelkopf

Die Pilzart sieht genau so aus, wie sie heißt . In Deutschland ist sie nur vereinzelt zu finden, meist in Wäldern der höheren Lagen.
Sehr selten!

Weitere Informationen und Bilder von den Tieren und Pflanzen findest du in jedem guten Naturführer.

Der Autor

Stephan Frederick Voegeli, 1963 in Kaiserslautern geboren, entdeckte schon als Kind seine Liebe zur Natur. Dennoch arbeitete er zunächst in der Werbebranche als Mediengestalter und Grafiker. Erst relativ spät wendete er sich professionell der Natur und der Zoologie zu, wurde Biolandwirt, dann Tierparkleiter. Der vierfache Vater lebt in der Nähe des Nationalparks im Schwarzwald.

Infos:

Nationalpark Schwarzwald
Schwarzwaldhochstraße 2, 77889 Seebach
E-Mail: info@nlp.bwl.de
Telefon: (0 74 49) 92 99 84 44, Fax: (0 74 49) 92 99 84 99
www.schwarzwald-nationalpark.de

Freundeskreis Nationalpark Schwarzwald e. V.
Geschäftsstelle, Bergerweg 65, 72270 Baiersbronn
Telefon: (0 74 42) 8 10 36.
www.pro-nationalpark-schwarzwald.de

Tourist-Information
Telefon: (0 74 41) 864-730
E-Mail: touristinfo@freudenstadt.de
www.ferien-in-freudenstadt.de

Naturpark Schwarzwald Mitte/Nord e. V.
Naturpark-Haus auf dem Ruhestein
Schwarzwaldhochstraße 2, 77889 Seebach
Telefon: (0 74 49) 92 99 69-0, Fax: (0 74 49) 92 99 69-9
www.naturparkschwarzwald.de

1. Auflage 2015

© 2015 by Silberburg-Verlag GmbH,
Schönbuchstraße 48, D-72074 Tübingen.
Alle Rechte vorbehalten.
Gestaltung und Zeichnungen: Stephan Voegeli, Bad Rippoldsau.
Umschlag: Frank Butzer, Tübingen.
Druck: Westermann Druck Zwickau GmbH.
Printed in Germany.

ISBN 978-3-8425-1426-3

Besuchen Sie uns im Internet
und entdecken Sie die Vielfalt unseres Verlagsprogramms:
www.silberburg.de

Inhalt

Die besten Ausflüge für die ganze Familie

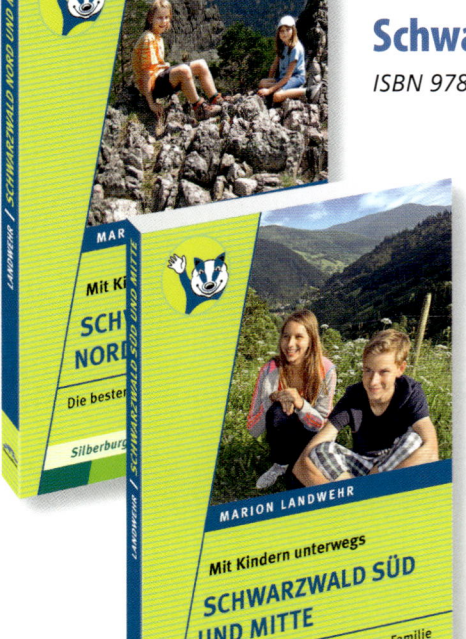

Marion Landwehr

Mit Kindern unterwegs – Schwarzwald Nord und Mitte

ISBN 978-3-8425-1393-8

Marion Landwehr

Mit Kindern unterwegs – Schwarzwald Süd und Mitte

ISBN 978-3-8425-1307-5

Natur, Natur und noch mal Natur – es dürfte kaum eine Region in Deutschland geben, die so viel gute Luft, so viele tolle Ziele und so viele spannende Aktivitäten in sich vereint wie der Schwarzwald. In diesen beiden Bänden stellen wir die tollsten Familienausflugsziele im Schwarzwald vor.

- Wilde Natur pur
- Geheimnisvolle Bergwerke und Höhlen
- Fesselnde Museen
- Spritzige Wasserabenteuer
- Klasse Tierparks
- Die besten Wintersport-Tipps
- Praktische Infos und nützliche Adressen
- Und immer dabei: der lustige Dachs

Gerrit-Richard Ranft

Mit Kindern unterwegs – Schwarzwald umsonst

111 kostenlose Ausflugsziele

ISBN 978-3-87407-900-6

Ob auf Tuchfühlung mit Rehen im Wildpark, unterwegs auf Kräuterlehrpfaden oder beim Rundgang mit dem Nachtwächter – Gerrit-Richard Ranft versammelt 333 kostenlose und erlebnisreiche Ausflugstipps an 111 verschiedenen Orten. Bei manchen dieser Geheimtipps kann man nur staunen, dass sie umsonst sind.

Alle Bände: je 160 Seiten, viele farbige Abbildungen.

Silberburg·Verlag

www.silberburg.de

Wimmelspaß für Klein und Groß

Von Tina Krehan:

Stuttgart wimmelt

Mama Nina, Papa Leo und Tom leben seit einiger Zeit in Stuttgart. Nun kommen Oma Paula und Opa Erich zu Besuch und gemeinsam erkundet man die schönsten Plätze der Stadt. Ob auf dem Schloss- oder dem Marienplatz, am Bahnhof, in der Markthalle, auf dem Flughafen, in der Wilhelma oder auf dem Cannstatter Wasen – überall gibt es eine Menge zu sehen und zu entdecken! Und wer genau aufpasst, findet auf jedem Bild den Hund Theo. Ausreißer-Papagei Rufus ist ebenfalls immer mit von der Partie.

Tina Krehan hat den Blick für das, was die Stadt so unverwechselbar macht. Liebevoll gezeichnet, vereinen sich ihre detailreichen Motive zu einem farbigen Porträt der Landeshauptstadt.

16 Seiten, Pappbilderbuch. ISBN 978-3-8425-1309-9

Die Schwäbische Alb wimmelt

Wieder sind Mama Nina, Papa Leo und Tom unterwegs, um diesmal im Jahreslauf die Burg Hohenzollern zu erkunden, die Bärenhöhle zu erforschen, die Hengste im Gestüt Marbach zu bestaunen, am Blautopf nach der Schönen Lau zu suchen und nebenbei allerhand Sportliches auszuprobieren. Detailreich und vielseitig, birgt dieses Buch für Groß und Klein spannende Entdeckungen und gleichzeitig Ideen für Ausflüge zu den schönsten Sehenswürdigkeiten auf der Schwäbischen Alb.

16 Seiten, Pappbilderbuch. ISBN 978-3-8425-1410-2

Silberburg·Verlag

www.silberburg.de